国家自然科学基金资助项目（41271192）
教育部人文社会科学研究一般项目（12YJA840006）
中原经济区"三化"协调发展河南省协同创新中心
河南经济伦理研究中心
联合资助

典型农区农民工务工区位研究

——以河南省为例

高更和　等著

中国财经出版传媒集团

经济科学出版社
Economic Science Press

图书在版编目（CIP）数据

典型农区农民工务工区位研究：以河南省为例/高更和等著.
—北京：经济科学出版社，2016. 10
ISBN 978-7-5141-6973-7

Ⅰ.①典… Ⅱ.①高… Ⅲ.①民工－人口流动－研究－
河南省 Ⅳ.①D422.64②C924.24

中国版本图书馆 CIP 数据核字（2016）第 122504 号

审图号：豫 S（2016 年）007 号

责任编辑：刘　莎
责任校对：郑淑艳
责任印制：邱　天

典型农区农民工务工区位研究
——以河南省为例
高更和　等著

经济科学出版社出版、发行　新华书店经销
社址：北京市海淀区阜成路甲 28 号　邮编：100142
总编部电话：010-88191217　发行部电话：010-88191522
网址：www. esp. com. cn
电子邮件：esp@ esp. com. cn
天猫网店：经济科学出版社旗舰店
网址：http：//jjkxcbs. tmall. com
北京汉德鼎印刷有限公司印刷
三河市华玉装订厂装订
710×1000　16 开　12.25 印张　220000 字
2016 年 10 月第 1 版　2016 年 10 月第 1 次印刷
ISBN 978-7-5141-6973-7　定价：45.00 元
（图书出现印装问题，本社负责调换。电话：010-88191502）
（版权所有　侵权必究　举报电话：010-88191586
电子邮箱：dbts@ esp. com. cn）

前　　言

　　随着我国工业化和城镇化进程的快速推进，大量农村剩余劳动力离开农村而涌入城镇。目前，农民工外出务工已成为一种普遍现象，对整个社会经济的发展产生了重要影响。中国正经历着人类历史上在和平时期前所未有的、规模最大的人口迁移活动，并成为世界上最大的人口迁移流。宏观上的农村人口流动，在微观上则表现为个体的农民工流动，因此，从农民工个体和家庭及村庄微观角度研究农民工的流动规律，具有重要的理论意义和现实意义。本书主要基于河南省 33 个村 1091 份调查问卷数据，采用定量分析和定性分析相结合的方法，对农民工务工地流动从微观角度进入了较为深入的研究。同时，基于 12 个村 525 个样本数据，对农民工回流区位选择也进行了研究。本书主要包括六个部分。

　　第一部分，引言。介绍了本书的研究背景和意义、主要内容及创新之处。农民工流动是当前我国最重要的社会经济现象之一，对城市发展和新农村建设均产生了重要影响，但国内的研究主要侧重于从宏观角度进行研究，对微观分析较为忽视。本书丰富了农民工流动微观分析的理论成果，对认识农民工流动的规律和发展农村劳务经济具有重要的参考价值。

　　第二部分，国内外农民工务工区位研究进展。通过对国内外相关文献的分析，发现其直接研究成果较少，相应的理论构建较为薄弱，间接的相关研究成果较多，但大多来自其他学科。国内直接相关研究主要集中于务工地选择机制、务工距离分布规律、务工地城镇类型选择、务工地选择影响因素等领域。国外的间接相关研究主要集中于移民区位、移民空间结构等永久性迁移领域，而对非永久性迁移的研究较少。应加强对务工流动的微观研究，通过对不同区域典型案例的研究进行理论概括，在方法上应加强模型分析和量化分析，这需要有关部门加强对农民工的统计工作。

第三部分，背景区域的农村人口流动。本部分主要由以下两个板块构成。

第一，中国农村人口空间流动研究。农村人口流动是中国人口流动的主体，对中国的人口空间格局和区域发展产生了重要影响。基于第六次人口普查长表数据，采用农村人口有效流动率和农村人口流动指数方法，本书对我国农村人口流动进行了研究。农村人口有效流动呈现出由中部地区和西南地区向沿海、沿边流动的总趋势，有效流动率在全局上具有弱相关性，但这种相关的程度不高，局部上的低—低值聚集区分布于湖北、湖南、重庆、贵州、云南，高—低集中区分布于宁夏。农村人口流动指数的正值区主要分布于南部沿海、东部沿海、京津地区和新疆地区，负值区主要集中于中部地区和西南地区，由负值区进入正值区的农村人口流动构成了我国农村人口流动的主要方向和路径。农村人口流动指数在全国范围内基本不存在空间自相关关系，局域低—低值聚集区与有效流动率相似，但不包括湖南，局域高—低值聚集区分布和有效流动率相同。从五普到六普，农村人口有效流动率和人口流动指数空间分布均随社会发展和区域经济格局变化发生了相应变化。农村人口流动指数与人口总量、流出存量显著负向关联，与经济总量、流入存量显著正向关联。

第二，河南省农村人口省内外流动研究。作为经济较为落后的农业大省，省际人口流动成为农村人口流动的主体。省内流动中，农村人口辐散地和辐聚地均较为分散，但辐散地较多的集中于豫东、豫南等经济较为落后地区，辐聚地较多的集中于郑州、洛阳等经济较为发达地区。省际流动中，流出地和流入地也较为分散，但流出地主要集中于粤、浙、苏、京、沪等经济较为发达的地区，流入地主要为皖、鄂、鲁、冀、晋、苏、陕等周围毗邻地区。农村人口对流动目的地的选择是一个理性的动态过程，随着区域经济格局的再平衡而不断变化。影响省内各市净流动量的显著因素为各市经济总量和各市乡村人口数量，影响省际净流出量的显著因素为各省经济总量、各省净流出存量、各省非农就业人数和各省总人口。农村人口由总人口较多、经济落后、就业压力大的地区向经济发展、就业机会多、人口压力小的地区的流动是农村人口流动的一般规律，流动惯性是农村人口流动的重要机制。

第四部分，农民工空间流动的微观分析。主要由以下几部分组成。

第一，研究样本描述性统计。根据河南省农民工数量分布情况，考虑到地形、区位、经济发展水平等因素，随机选择 33 个村庄。本次共调查 1173 位务工者。调查主要是通过调研人员入户问卷调查获取所需数据。此外，在回流研究中，还调查了 12 个村庄的 525 个回流样本农民工。本部分主要对样本的数量、分布、结构等进行了描述性统计分析。

第二，农民工务工地选择及影响因素研究。本部分基于河南省 33 个样本村 1091 位农民工田野调查数据，对农民工微观个体务工地选择及影响因素进行了研究。研究发现，区域农民工的流动方向和务工地选择具有分散与集中相结合的特征，距离决定着社会网络密度和家务管理成本，经济发展水平影响着工资水平的高低和就业机会的多少，两者成为决定农民工整体流动方向的基本因素。影响农民工务工地选择的显著因子为务工者年龄、教育程度、婚姻状况、家庭劳动力数量、人均耕地面积、村庄经济发展水平等。其中，年龄较小者、教育程度较低者、已婚者、家庭劳动力数量较多者、家庭人均耕地面积较大者、村庄经济发展水平较低者选择在较大空间范围内务工的概率较大，反之亦然。家务管理是务工地选择的重要机制。

第三，农民工务工地非稳定性研究。农民工务工地非稳定性直接影响农民工收入的高低和农民工的地方归属感，是农民工空间流动的重要表现形式之一。基于1091份调查问卷数据，采用务工地变动频率、务工地企业区域黏性指数、描述性统计和二元Logistic等指标和方法，对农民工务工地非稳定性特征及影响因素进行了研究。研究发现，农民工务工地非稳定性较大，行业之间存在较大差异，务工企业流动性较高，务工地企业区域黏性指数较小，区域流动成为农民工流动的基本特征，务工者通过不断的区域变换去实现自己收入的合理化和最大化。影响农民工务工地非稳定性的显著性因子主要是务工者性别、年龄、家庭老人数量占比、耕地面积、村庄经济发展水平、村庄区位、务工行业类型、工资收入水平等，农民工务工地是否稳定和是否流动，受到个人、家庭、村庄、务工地等多种经济和非经济因素的影响。

第四，农民工初终务工地空间变动研究。基于1091份调查问卷数据，采用初终务工地对比和二元Logistic回归分析等方法，对初终务工地的空间变动及其影响因素进行了研究。研究发现，农民工初终务工地的变动十分频繁，务工距离也随之发生明显改变，但在不同的务工年限区间具有不同的变化特征，在务工地行政空间类型转换中，空间惰性特征明显，但出现了弱回归本地的现象。影响初终务工地距离变动的显著因子为务工年限、初次务工距离、务工地点数量、性别、教育程度、家庭人口规模、家庭抚养比、村区位等。目前，多数农民工的务工行为和空间选择机制依然是增加收入和务家之间的平衡，发展地方经济应成为解决人口跨区域流动的重要手段。

第五部分，农民工回流区位与城市定居区位研究。回流农民工对促进区域中小城市的繁荣带来了积极影响。从回流后所处的地点来看有回流城市192人，回流乡村333人；回流者在城市购房置业的情况是有20.2%的回流农民工已经在城市购买了住房，有35.4%的回流者计划近期在城市购买住房；回流人口中有66.3%的回流者期望定居在城市。事实上，回流农民工给区域中小城市带来了繁荣的人口基础，他们期望的安居乐业也逐步在中小城市生根发芽。影响回流农民工回流区位选择的主要因素是年龄、婚姻状况、家庭好耕地数量、家庭大中专学生数量、回流前务工工种、距离最近地级市的距离和距离最近县城的距离等因子。年龄较小者、未婚者、家庭好耕地数量较少者、家庭大中专学生较多者、回流前务工工种技术含量低者、距离最近地级市的距离较远和距离最近县城的距离较近者回流到城市的概率较大，反之则反。影响回流农民工城市购房置业的主要因素是性别、婚姻状况、城镇定居期望、家庭老人数量、年龄、家庭人口数量、在本村经济地位、距最近地级市的距离、距最近县城的距离等因子。男性、年龄较小、已婚、期望定居城市、家庭人口较少、家庭老人数量较多、在本村经济地位较好、距离县城较近、距离所在地级市较远者在城市购房的概率较大，反之则反。

第六部分，结论与政策建议。对研究得出的结论进行了总结，并根据结论提出了相应的政策建议。

作者

2016 年 9 月

目　　录

第 1 章

引　言

1.1　研究背景与意义

1.1.1　研究背景

　　建设社会主义新农村是我国现代化进程中的重大历史任务，全面建设小康社会，最艰巨最繁重的任务在农村（中共中央国务院，2006）。外出务工是农民增收的重要手段，而农民增收是新农村建设的基础。对于人力资本比较匮乏的农民而言，最实际也是最有效的增收方式就是外出务工。外出务工收入已成为农民收入的重要组成部分。全国农民工资性收入占农户家庭总收入的26.1%，而且呈现出增加趋势（国家统计局农村社会经济调查总队，2009）。农民工外出务工已成为一种普遍现象，对整个社会经济的发展产生了重要影响。2010年度全国农民工总量为24223万人，其中外出农民工数量为15335万人，占农民工总量的63.31%（国家统计局，2011）。中国目前正经历着人类历史上在和平时期前所未有的、规模最大的人口迁移活动，并成为世界上最大的人口迁移流（蔡昉，2006）。近些年来，国际上人本主义主导的人文地理学得到加强，行为地理学中行为区位研究受到重视（柴彦威，2010）。在此背景下，中国地理学界应顺应国际潮流，加强对农民工务工行为的地理学研究。可喜的是，近些年来，中国少数地理学者已开展了对农民工务工区位规律和区位选择的研究，但是总的来看，相关的研究还比较薄弱。

1.1.2 研究意义

外出务工必然伴随着人口的区域流动，流出和回流是农民工空间流动的基本形式，从微观角度理解农民工流动、停留与回流的这些特征，对认识和调控这种现象非常重要。河南是我国人口大省、农业大省，是外出务工人数最多的地区之一，居中的位置，使其劳动力流动具有空间多样性，河南省人口流动在中国具有较强的代表性和典型性。

以河南省为例，对农民工流动进行微观分析具有重要的理论意义和实践意义。近些年来，社会学、经济学和地理学对农民工流动进行了较多的研究，但多数的研究出发点是宏观角度，即基于统计数据的农民工流动的流量、流向、区域差异、空间分布、流场特征、区域影响因素、空间途径及其区域影响，而对农民工个体到哪里务工、为什么到那里务工、回流到哪里，为什么回流到那里等微观研究成果较少，相应的理论构建也十分薄弱。本书基于农民工个体和家庭层面，从村域出发进行研究，试图构建微观的、完整的农民工流动与回流空间图谱、机制及区域影响，从而丰富临时性和永久性人口迁移理论和人口地理学理论。在实践层面上，有望通过对务工流动规律的总结，为调控农民工的合理流动提供参考，例如，如何利用种子务工者促进劳务经济发展？如何避免盲目流动等。

1.2 研究的主要内容、基本思路、研究方法和创新之处

1.2.1 主要内容

在分析国内外文献的基础上，主要研究以下问题。

1.2.1.1 宏观区域的农村人口流动特征和规律

主要研究案例区所在河南省和全国农村人口的状态和规律。包括：第一，河南省农村人口流出及外省农村人口流入的规律和特征。第二，全国农村人口流动的规律和特征及影响因素。本部分由于缺乏农民工流动数据，采用的主要是第六次人口普查数据的相关户籍流动调查部分。

1.2.1.2 农民工空间流动的微观分析

主要内容包括：

第一，农民工务工地选择及影响因素研究。本部分基于河南省 33 个样本村 1091 位农民工田野调查数据，对农民工微观个体务工地选择及影响因素进行研究，主要内容包括务工地分布及其特点，农民工对务工地选择机制及影响因素。

第二，农民工务工地非稳定性研究。农民工务工地非稳定性直接影响农民工收入的高低和农民工的地方归属感，是农民工空间流动的重要表现形式之一。基于调查问卷数据，对农民工务工地非稳定性特征及影响因素进行研究。

第三，农民工初终务工地空间变动研究。基于调查问卷数据，采用

初终务工地对比和二元 Logistic 回归分析等方法，对初终务工地的空间变动及其影响因素进行了研究，即和初次务工地相比，最终务工地是否发生了变动？发生了怎样的变动？为什么发生了变动？这种变动受到哪些因素的影响？

1.2.1.3　农民工回流及区位及影响因素研究

在快速工业化和城市化过程中，伴随农民工外出务工流动的回流现象日益受到学者们的关注。基于抽样调查农民工回流问卷数据，采用统计分析和二元 Logistic 模型对农民工的回流区位选择及影响因素进行分析，主要关注回流的规模与比重，回流到了哪里？为什么？以及对区域经济的影响等。

1.2.1.4　政策建议

根据所得结论，分析其政策含义，本部分内容主要分散在相应章节中。

1.2.2　基本思路

从空间角度考察，农民工外出务工实际是就是在空间上的移动、停留甚至是返回的过程，本研究依据这种空间过程，分析移动、停留和回流的空间特征、形成原因及机制和区域影响。研究过程中，首先收集和分析国内外相关研究文献，为本研究提供参照；其次采集农民工流动的宏观数据，了解整体流动状况；再次确定调查样本区域和样本村及样本务工者，建立农民工流动数据库，为进一步分析提供基础；然后分工进行专题理论研究，包括农民工流动规律、多阶流动空间图谱、回流规律、务工区位微观机制等。最后进行理论总结和分析其政策含义。

1.2.3 研究方法

本书以区位论、人口迁移理论、区域经济发展理论、城市化理论作为研究的基础理论。研究采用的主要方法包括：第一，问卷调查法。对通过随机抽样选取的约 20～50 个样本村的 1000 个样本务工者进行调查，取得第一手数据。第二，地理随机抽样法。拟将河南省 1889 个乡镇编码，然后进行随机抽样，20～50 个行政村作为调查样本。第三，深度访谈法。选择部分村干部和代表性农民工进行较长时间的深入访谈，以了解务工地点选择的规律和特点。第四，统计分析法。利用社会经济统计软件（如 Spss 等）对数据进行统计分析，寻求因素内部之间的联系。第五，数学建模法。在方法上可采用统计建模和理论推导建模建立模型，在内容上拟构建务工距离模型、务工区位选择模型等。第六，地理信息系统和遥感分析方法。利用相关技术对研究样本村进行空间数据提取，对调查数据进行空间分析。

1.2.4 创新之处

本书首次尝试从村域务工源地和务工者角度，定量研究农民工空间流动特点及其显著性影响因子及影响过程，揭示在当今交通发达条件下务工流动的距离、行政空间、城镇等级分布规律，具有较强的原始创新性。

本书首次在微观尺度上研究农民工多阶流动规律，揭示农民工流动轨迹的空间特征和演变过程，剖析农民工流动的空间取向和空间规律，认识产业转移对农民工务工区位选择的影响，分析农民工回流特点及区域影响，构建农民工空间流动的动态研究框架。

本书首次从务工者个人行为角度，研究务工区位形成的决策机制和决策过程，揭示农民工空间流动的微观机制，丰富行为区位理论和非永久性移民迁移理论。

1.3 案例区选择

本书选择河南省作为研究样本的原因主要是基于以下几个方面的考虑。第一，河南省农民工数量众多，在我国具有较强的代表性。据国家统计局河南调查总队农民工监测调查，到 2009 年年底，河南省农村劳动力转移就业总量超过 2200 万人（张彩霞，2010），占全国的 9.57%，是中国劳务输出第一大省。2010 年跨省流动农民工总量为 1207 万人（曲昌荣，2011），长期居全国之首。河南省农民工数量众多与人口大省和农业大省及较低的城镇化率有关。2012 年年底河南省总人口 9406 万人，居全国第 3 位，而城镇化率仅 42.43%，在全国排名倒数第 5 位（国家统计局，2013）。河南省是我国传统的农业大省，2012 年农作物总播种面积 14262.17 千公顷，主要农作物产量（粮食产量居第 2 位，其中谷物、小麦居于第 1 位；棉花产量居第 6 位；油料作物产量居第 1 位）在全国均居于重要地位（国家统计局，2013）。第二，居中的位置使其农民工空间流动呈现多样化特点，在我国具有较强的代表性。河南省地处我国中部地区，距离较为发达的东南沿海地区、东部沿海地区和北部沿海地区距离适中，此外也可方便地进入资源较为丰富、人口压力较小的西北地区，河南农民工空间流动具有灵活性和丰富性的客观条件。

第2章

国内外农民工务工区位研究进展

2.1 国内研究动态

处于对中国大量农民工外出务工的反应，学术界进行了大量的研究，但成果主要集中于经济学、社会学和管理学等学科。地理学的相关研究较少，主要侧重于以下几个领域。

2.1.1 农民工流动的区域分析

农民工务工地可分为本地和异地两类，转移方向一般为农村到城市，中西部到东部，主要驱动因素是经济因素。按照空间范围，农民工转移包括就地转移和异地转移，但不同学者对其合理性存在不同看法。一些学者认为就地转移是理性选择（陈顺玉，2005），通过实现农村工业化，大力发展"近"农产业，转移剩余劳动力（程怀儒，2006）。而另外一些学者认为，异地移民代表了发展方向。大规模候鸟式的农民流动，是中国农村劳动力从农村向城市转移的特殊方式（白南生，何宇鹏，2003）。而事实上，这两种形式均普遍存在，都具有合理性。据国家统计局的调查（国家统计局，2009），在本乡镇以外就业的外出农民工比例为62.3%，本乡镇以内的比例为37.7%。有学者将空间类型与农民工就业产业类型相结合，提出了本地农业就业、本地非农就业、外地农业就业、外地非农就业等四种类型的农民工空间行为类型（赵春雨等，2011）。在转移方向上，劳动力迁移趋于流往最近的城市，趋于大城市，大城市的劳动力在没有外力的作用下，极少迁入小城市（韦复生，1997）。劳动力的市内转移，绝大部分转移到了都市经济发达圈（陆远权，杨丹，2006）。在全国层面转移的地域上，以省内和东部地区为主，呈现由中西部向东部转移，由农村向城市转移的特点（刘甲朋等，2004）。从农民工的就业地区来看，东部地区占农民工总量的66.9%，中部地区占16.9%，西部地区占15.9%（国家统计局，2010）。鲁奇等（2006）的研究表明，1990～2000年10年中流动人口东、中、西部分布变化与东、中、西部经济发展的变化高度一致，中国劳动力迁徙具有明显的经济因素驱动效应。

农民工的流动对区域经济和社会发展产生了重要影响，这些影响以正面影响为主，但也存在一些负面影响。农民外出务工已成为工业带动农业、城市带动农村、发达地区带动欠发达地区有效形式（韩俊等，2010）。改革开放20年来的统计数据表明，我国劳动力的省际流动对东部地区GDP增长的贡献率达到了15%（王桂新，2005）。农村劳动力转移对减贫和农民增收的积极影响是显著的，迁移人口贫困发生率为17.5%，显著低于非迁移人口的67.1%（都阳，朴之水，2003）。以外出务工为代表的工资性收入已占农民纯收入的1/3以上，直接推动了农民收入的增长（盛来运，2007）。但是，劳动力跨省打工对流出地区域经济发展的影响带来了不仅是GDP的机会损失（孙自铎，2004）。人口迁出对流出地经济的贡献出现微弱的负值（杜小敏，陈建宝，2010）。

2.1.2　农民工务工地选择机制分析

农民工对务工地的选择，主要是通过关系网络自发外出、政府组织、中介组织等途径实现的，但主要以迁移网络和自发外出为主，打工族是其主要机制。农户打工区位的选择具有明显的打工族现象，在自然村尺度上，少数的打工族集中了多数的打工者，其形成主要由打工决策和打工区位选择中打工者所拥有的社会资本决定，主要基于传统地缘关系和血缘关系的关系网络在打工族的形成中具有重要作用，种子打工者和潜在打工者在由关系强度决定的博弈中造成了打工族的形成和扩散（高更和等，2008）。农村剩余劳动力动态转移服从 SIS 传染病模型规律，通过已转移出去的农村剩余劳动力的示范效应，引发新的农村剩余劳动力的转移。随着时间的推移，农村剩余劳动力的转移可能在某一地区成为一种风气，从而不再与经济、政治条件直接相关（胡金华，应瑞瑶，2008）。迁移网络是农民工迁移的最主要的形式，蔡昉和费思兰（2001）的研究表明，有 65.8% 的农村流动劳动力靠亲缘和地缘关系获得工作信息，有 75.4% 的农村流动劳动力靠这种途径找到第一份工作。农村劳动力转移所依靠的社会资源最主要的不是来自政府和市场，而是已经转移的农民工，是通过迁移网络来实现的。民工在从农村到城市的流动过程中，主要依赖了其传统的亲缘和地缘的社会网络（Li，2003）。流动人口的迁移大都目的明确、准备充分且拥有人际网络作为支持（李路路，2003）。社会转型背景下的农村社会资本，决定了"80 后"农民"离土又离乡"的过程（齐美胜，2008）。随着外出农民工总量的扩大和产业转移的进一步发展，政府和中介组织的比重有所下降，如 2004 年有组织外出的占 12%（魏礼群等，2006），而到 2010 年下降到 4.6%（国家统计局，2010）。从行为地理学角度分析，农村劳动力就业空间行为包括就业感知、就业决策、就业行为、就业体验四个行为过程，他们相互联系、相互影响（赵春雨等，2011），决定着农村劳动力的本地就业和外地就业的选择。

2.1.3 农民工务工动因分析

对于农民外出务工动因的研究成果十分丰富，但是主要来自经济学和社会学的研究，既有基于务工本人角度及家庭角度的微观研究，又有从产业发展、城市化发展等方面的宏观研究。农民外出务工主要是谋取更高的经济收入（韦复生，1997），农业劳动力务农机会成本上升的促进（田玉军等，2010）、寻求发展机会（余红，2004），此外，农村内部收入差距的扩大所导致的农户相对经济地位的变化也是促使农村劳动力人口向城市迁移的重要原因之一（蔡昉，都阳，2003）。非经济因素对农民工务工决策具有重要影响，理性的农民将按照个体或家庭效用最大化的原则来决定自己进城务工或在村务农（程名望，史清华，2009）。中国农村剩余劳动力的存在和农业比较收益低下是农民流动的"推力"，城市化、工业化带来的就业机会与城乡比较利益的差距是农民流动的"拉力"（中共中央政策研究室农村组，1994）。国家的经济发展策略和经济体制的选择，外生地决定着农民的就业空间和容量，而农村劳动力累积的专门知识、专门技能和与经历有关的个性特征，就农民对"流动"机会的反应以及反应的质量有着决定性影响（周其仁，1997）。国内更多的研究是引用国外比较成熟的理论来分析中国的农民工问题，这些理论如刘易斯的两部门理论（肖卫等，2011）、费景汉和拉尼斯模型（王新利，陈敏，2011）、托达罗预期收入理论（欧阳峣，张杰飞，2010）、双重劳动市场论、新家庭经济学的家庭效用最大化理论以及马克思主义的人口迁移推拉力理论等（叶静怡，2003），或者是针对中国的情况进行实证研究或具体区域的案例研究（胡雪萍，2004）。

2.1.4　农民工务工距离与城镇等级分布研究

距离对外出决策和外出务工目的地选择具有重要影响，但在现代交通运输发达条件下其影响具有复杂性，个人因素对务工距离有重要影响，不同地区由于就业机会不同，务工者对距离有不同的选择。打工距离整体分散、局部集中，务工人数随距离的变化呈"U"形分布，务工者在务工目的地的分布上具有群聚特征（高更和、李小建，2008）。务工者的期望务工距离和实际务工距离分布相似，同时具有一定惯性，但整体而言仍以本地为主（高更和等，2010），此结论暗示着农民工更希望在本地务工。两个省份之间的空间距离对两个省之间的人口迁移发生概率起着"障碍"作用（段成荣，2001）。距离越远，人口迁移的概率越小，风险厌恶者，往往选择短距离迁移（马九杰、孟凡友，2003）。受教育程度越高越倾向于长距离流动，女性比男性更倾向于长距离流动，年龄与流动距离呈负相关关系（李强，2003）。已婚、受教育水平较高、有职业技能、家庭耕地少、居住地在偏远乡村的农民工倾向跨省流动（郭力等，2011）。安徽省内流动人口空间分布存在邻近区域优先特征（郭永昌，2010），距离因子对迁移者数量的影响具有复杂性，迁移者往往集中于制造业较为发达的某些城市（高更和、李小建，2008）。近年来，中西部地区农民工就近转移加快（李开宇等，2011）。而长期以来，东部地区农民工主要就地就近的近距离迁移，同时迁移意愿不够强烈，表现出特有的就地城镇化过程（祁新华等，2012）。

在务工地城镇等级方面，出于对就业机会和收入的考虑，农民工务工城市的选择服从"就高原则"。安徽省内流动人口空间分选特征，主要体现为省会优先（郭永昌，2010）。外出农民工主要流向地级以上大、中城市，在直辖市务工的占 8.8%，在省会城市务工的占 19.4%，在地级市务工的占 34.8%，在县级市务工占 19%，在建制镇务工的占

13.8%，在其他地区务工占 4.2%（国家统计局，2010）。劳动力的市内转移，流入直辖市、省会城市的农民工多于地级市，而地级市多于县级市（陆远权、杨丹，2006）。务工地主要集中于省城、深圳经济特区、乡镇和地级市，而在县城打工的人较少；农户对打工地城镇规模类型的选择与打工距离密切相关；家庭代数、村经济发展水平和关系网络是影响农户打工地城镇规模类型选择的重要因素（高更和等，2007）。

2.1.5　农民工回流研究

农民工回流主要是政策因素、经济因素综合作用的结果，同时与文化因素有关，个人和家庭因素也影响回流的发生率。改革开放以来，中国的农民工回流已出现三次（孔喜梅，2010）。第一次劳动力回流缘于 1989～1991 年的治理整顿造成的国家收缩银根、紧缩信贷、压缩基建规模、关停并转乡镇企业、压缩乡镇企业规模等宏观调控政策。第二次劳动力回流开始于 20 世纪 90 年代中后期，缘于城市就业的压力、工资长期低增长或不增长、惠农政策的吸引力，2004 年达到高潮，甚至一度出现"民工荒"。第三次劳动力回流是由于 2008 年金融危机的发生和蔓延。后金融危机时代的农民工回流将是一种长期的经济现象，缘于一系列惠农政策的实施以及中西部地区开发建设力度加大及第一代农民工由于年龄原因将逐步退出农民工队伍（李梅、高明国，2009）。大规模回流与国家政策及其所引致的个人就业机会和收入密切相关。实际上，回流像外出一样，是农民工对自身收益的综合判断和理性选择，当综合收益高于综合迁移成本时，农民工会选择外出，否则，会选择回流，因为绝大多数的农民工外出的主要目的是谋求合理的经济收入，只有很少的农民工能真正融入城市。例如，国家扶持农业的新政策不断出台，粮食价格大幅度上涨，使农民出售农产品的收入有大幅度增长，农民工回流便成为一种潮流（王翌、刘维佳，2007）。当然，综合迁移成本包括家庭亲情成本，照顾父母、结婚生育、抚育小孩等，导致中国农村劳动力的流动决策单元是家庭而不是个人（张辉金，萧洪恩，2006）。

农民工回流对务工地和流出区均产生了重要影响，这些影响可能是积极的，也可能是消极的。农民工在人力资本、组织资本、社会资本、经济资本等方面都有了一定的积累，形成了一定的优势，不少农民工萌动了回乡创业的冲动，回流人员的言传身教将会使很多想要进城打工的农民重新考虑成本与收益的比值，而不像以前一样盲目地流入城市（高强，贾海明，2007）。农民工回流带来了农村资本的增加，通过金融共享，进而对农村经济发展产生积极而深远的影响（王晓东，2011）。农民工回流在一定程度上对于促进农村经济发展、推动新农村建设起到了积极的作用（肖冬华，姚会元，2009）。消极的影响主要表现在：影响新农村生产发展、生活宽裕和乡风文明（邵腾伟等，2010）。极大地增加业已严峻的就业压力，造成诸多难题（肖冬华，姚会元，2009），在一定程度上造成制度执行的不连续和市民化过程的中断、形成民工荒（高强，贾海明，2007）。

2.2　国外研究动态

在国外，和我国农民工的流动大致对应的是"非永久迁移"（nonpermanent migration）、"暂时迁移"（temporary migration），或"循环流动"（circulation）。这些研究成果主要来自社会学和经济学领域，主要涉及暂时迁移的概念及其在发展中国家的地位、非永久性迁移的形成机制等（朱宏，2004）。而对研究主体农民工（migrant worker，peasant worker，rural worker 等）的研究主要集中在心理卫生、健康等医学领域和工资、生活质量、子女教育、互联网使用等社会经济领域（Yang et al.，2012；Mu et al.，2010；Zhu et al.，2012；Lewis，1954），从流动空间角度的研究相对较少，主要集中在流动动因、移民区位、移民空间结构等领域。

2.2.1 农业劳动力转移动因研究

传统发展经济学理论和全球化理论从宏观层面对乡城劳动力迁移和农民外出务工的动因进行了解释。李维斯（Lewis，1954）认为，一个国家的传统农业部门中，存在隐蔽性失业，在现代城市部门工资高于农业传统部门的情况下，农业剩余劳动力就会源源不断地流向现代城市部门。费和雷尼斯（Fei & Ranis，1997）将劳动力转移划分为三个阶段：第一阶段是劳动生产率等于零的那部分劳动力的流出，这部分劳动力是多余的；第二阶段是边际生产率大于零但小于不变制度工资的劳动力的流出；第三阶段是农业劳动的边际产品的价值大于不变制度工资的劳动流出，这部分的农业劳动力已经变成了竞争市场的产品。此外，世界体系理论（world system theory）从全球经济化角度解释人口迁移的动因（Wallerstein，1974），认为随着经济全球化的发展，多数发展中国家被边缘化，成为发达国家的附属国，于是双向流动成为必然，资本向发展中国家流动，而劳动力和原材料流向发达国家，劳动力流动不是工资率差异的结果，而是市场竞争和经济全球化的结果。

预期收入理论、双重劳动市场论、新家庭经济学等从微观角度分析了劳动力流动的原因。托达罗（Todaro，1969）认为，如果城市预期收入现值高于农村且有较高的找到工作的概率，农民就会作出外出流动的决策。只有当预期的城市就业工资和农村收入现值相当时，农村劳动力的迁移才可能停止。双重劳动市场论认为，当地工人主要进入资本密集、高效率的主要部门劳动市场，不发达国家的劳动力主要进入劳动密集、低效率的次要部门劳动市场，形成国际移民（Piore，1970）。国内发达地区和不发达地区的情况与此类似。新家庭经济学把家庭作为追求最大效用的微观主体，迁移决策不是由相互孤立的个人行为主体单独做出的，而是由家庭做出的，迁移不仅取决于预期收入之差，而且还取决于相对经济地位（Stark & Taylor，1991）。此外，人力资本劳动力迁移理论将迁移视为一种人力资本投资方式（Schultz，1961），如果迁移的净价值为正，迁移行为便可发生。

2.2.2　移民区位选择文献

2.2.2.1　移民区位选择过程与选择模型

移民对移民区位的选择经历了一个对目的地的认知过程，首先是在较大的范围内选择重点目的地，然后在重点目的地中选择一个目标目的地。对于移民研究而言，了解空间选择过程对于理解和预测移民的流动格局十分重要（Pasquale et al.，2002）。在这个过程中，移民的决定（是否迁移）和地点决定往往是相互联系的。古斯塔维斯和布朗（Gustavus & Brown，1977）认为迁移过程分为两个阶段，第一阶段是与以前居住的地方比较，以确定一套替代目的地，主要影响因素是住房、就业、学校、卫生保健设施，此外，贴近家庭和购物、"城市灯光"设施也较为重要。第二阶段是选择一个目的地，在这个过程中，主要考虑作为门槛条件的地方属性，潜在的迁移目的地的个人关系在移民的决定中显然是关键性的。罗斯曼（Roseman，1983）认为移民目的地选择是以下两个过程的结果：第一，对一生中相关的较大数量的潜在目的地进行分类；第二，在相对较少（通常是一两个）地方中进行选择，决定规则在这两个过程中是不同的，实际的目的地选择是基于地方效用作出的，地方效用来源于几个因素的结合，包括经济和非经济、微观和宏观等。

已有的空间选择模型可以分为两类：离散模型和竞争目的地模型（Pasquale and Pellegrini）。空间选择模型最初来源于旅行需求研究，后来被应用到移民领域。移民迁移的目的是改善他们的现状，提高效用水平，目的地的空间选择实际上是建立在认知的基础上，这种认知来自于个人态度和目的地特征的综合，综合个人特征和目的地特征的空间选择模型的建立是必要的，也是可行的（DeJong & Fawcett，1981）。离散模型主要包括 Logit 模型，Probit 模型和 Nested Logit 模型。离散模型主要是基于经济因素的效用比较（Anderson & Papageorgiou，1994）。由于空间复杂性的增加，源于空间环境的离散模型有时不被研究者们认可。竞争目的地模型主要是基于认知心理学的概念和方法，对备选目的地的心理判断（Pasquale et al.，2002），其中信息获取和处理是其核心。

2.2.2.2　移民区位选择的影响因素

移民区位选择的主要因素既包括收入、福祉水平等经济因素，同时与语言、宗教、社会网络、教育、基础设施、环境、距离等非经济因素有关。移民选择加拿大蒙特利尔（Montréal）、多伦多（Toronto）和温哥华（Vancouver）三个门户城市的主要因素是经济福祉水平、历史最悠久和较高的知名度（Haan，2008）。无论是国外迁移还是国内迁移，风险因素是重要因素，迁移提供了一种对不确定的收入前景的避难所（Daveri & Faini，1999）。在解释移民集中居住在一些特定城市中，"组织亲和力的假设（the group affinity hypothesis）"具有较大影响，即原先的民族社区对新移民具有较大的引力，能留住新移民（Chiswick et al.，2001）。同时，移民的区位选择存在路径依赖，受早期同一民族的重要影响（McDonald，2003）。梅西和埃斯皮诺萨（Massey & Espinosa，1997）使用社会网络理论也做过类似的研究，认为迁移是依赖于社会网络的，而社会网络往往与种族或民族群体相联系。鲍尔等（Bauer et al.，2002）认为网络外部性和从众行为对移民区位决策具有显著作用，网络外部性影响具有倒"U"形状，而不是简单的积极作用，忽视从众效应或网络效应倒"U"形将导致移民行为解释的错误结论。种族的积聚在移民区位选择上具有明确的效果，尤其是对于早期的移民而言。同时，所有的移民都被吸引到英语不熟练的高度集中区位或者是年轻人高度集中的区位，说明语言对移民区位选择具有重要影响（Le，2008）教育程度和地理集中的关系也是这样的，教育程度高的移民很少和来自同一国家的教育水平低的移民居住在同一地区（Chiswick et al.，2001）。特定位置的属性偏好可能会限制迁移目的地的选择，在移民区位选择上，存在"限制目的地选择"假说（constrained destination choice，Cushing，2004）。人口密度和社会接近在迁移目的地选择上有很强的显著效果，移民的流向主要是人口密度高的地方和语言与种族背景相似的地方，如果移民来源地基础设施改善，将减缓移出区的人口迁移（Fafchamps，2008）。较发达的社会基础设施和更大预期的福利在农民迁移动机中更加重要，公共林地面积较大和道路系统较完善的地方，迁移流也大（Amacher，1998）。短期移民和长期移民的迁移动机与生命周期、社区依附程度、迁移决定过程中潜在的社会心理等因素有关，特定地点的各种生活经历对潜在移民确定目的地具有重要意义（McHugh，1984）。移民改变其居住地的动机随着迁移距离有所变化（Niedomysl，2011）。距离影响移民的效用水平，因为迁移成本和再迁移到一个新国家的信息收集成本直接相关。所以，区位决定和距离是负相关的（Bartel，1989）。

2.2.3　移民空间结构研究

与移民区位相关的另一些研究是有关移民空间结构、特征及其测度的研究。一般认为，移民具有空间集中性，或集中在特定城市或城市的特定地区（民族或种族聚居区）。在美国，1990 年加利福尼亚、纽约、佛罗里达、得克萨斯州四个州集中了国外移民人口的 63%，而这里仅仅集中了全国 31% 的人口（Zavodny，1997）。多数美国关于新近移民区位选择的研究发现，新近移民被吸引到大城市，这些城市早期就有较多移民定居（Jaeger，2004；Bauer et al.，2005）。希腊除了最典型的外来族群代表阿尔巴尼亚裔移民外，其他民族的移民都集中在不同的地区（Rovolis & Tragaki，2008）。一些学者对移民中不同组分的空间分布特点进行了研究。如阿特拉门托瓦和菲利普特索瓦等（Atramentova & Filiptsova et al.，2005）对别尔哥罗德（Belgorod）的婚姻迁移进行研究，证实移民的平均迁移距离1960年、1985年、1995年三个年份增加，已婚的男性和女性迁移距离也相应增加。该两个学者在2007年使用卢甘斯克城市人口登记处1960年、1985年、1990年和2000年档案资料，计算分析已婚移民的迁移距离特征，证实平均结婚距离、长距离移民比例在1960年、1985年和2000年出现先上升后下降的情况（Atramentova & Antsupova，2007）。在移民分布与影响因素的空间匹配方面，有学者认为，墨西哥年轻人的国际迁移对教育水平产生了重大的负面影响，在区域内部存在着强烈的空间异质性（Gutiérrez et al.，2011）。在测度移民空间结构方面，大卫和穆利根（David & Mulligan，1997）提出了用基尼系数来测度移民的空间集中性非常有效，和地理学中的方差和熵等指标相比，具有较大的优越性，并以美国洲际移民数据进行了实证研究。罗格斯等（Rogers et al.，2002）借鉴地理学的空间相互作用模型的对数线性模型，提出了一个人口从源地到目的地的移民流的区域系统空间结构的定义，并进行了实证研究。

2.3 结论与展望

农民工是我国工业化、城镇化进程中的重要现象，对整个社会和经济的发展产生了重要影响，开展对农民工问题的地理学研究，尤其是开展对农民工迁移区位的研究，对于丰富人口迁移理论和合理调控农民工的流动具有重要的理论意义和现实意义。通过对国内外农民工务工区位文献的梳理和分析，可以得到以下结论。

第一，国内外有关农民工务工区位的直接研究成果较少，相应的理论构建较为薄弱，间接相关研究成果较多，但大多来自于社会学、经济学和管理学等学科。农民工务工区位研究，主要是指从农民工微观个体出发，研究务工区位的选择规律。目前，国内研究内容主要集中于务工地选择机制、务工距离分布规律、务工地城镇类型选择、务工地选择影响因素分析等领域。在务工地选择机制方面，务工族、传染模型、务工空间行为决策四过程、社会资本理论给予了较好的解释。在务工距离方面，"U"形分布效应、空间近邻效应、工作机会吸引效应、收入最大化效应给予了较好解释。在务工地城镇类型选择方面，就高原则、收入最大化效应给予了一定程度的解释。在务工地选择影响因素方面，涉及农村社区因素、个人因素、家庭因素、距离因素、目的地因素等，其中，个人因素涉及性别、年龄、学历等、家庭因素涉及家庭人口规模、家庭生命周期、家庭结构类型、家庭代数等。

第二，国外的间接相关研究主要集中于移民区位、移民空间结构等永久性迁移移民领域，而对非永久性迁移的区位选择研究十分薄弱。由于目前主流西方国家不存在或很少存在类似中国的大规模农民工现象，因此，对非永久性移民的工作地区位研究成果较少，已有成果的研究对象主要集中在发展中国家，但是这些研究同样主要来自社会学和经济学领域，主要研究非永久性流动的形成机制、区域影响及一些具体的区域案例，较少有从地理学和区位角度的研究。在西方国家的工业化过程中，人口永久性迁移现象十分普遍，因此，永久性迁移的地理学和区位研究成果较多。由于永久性迁移和非永久迁移在迁移时间、迁移目的等方面存在一定差异，用于永久性迁移的理论在运用到临时迁移时存在一定限制。国外关于农民工的研究成果，主要集中在经济学、社会学、管理学和医学领域，其中不少成果为国外学者和国内学者的合作成果，较少有从地理学角度的研究。

中国农民工的重要地位，决定了农民工问题在当今和今后相当长时间内将一直成为学者们关注的重点领域，未来中国的农民工务工区位研究，应注意以下问题：首先，地理学工作者应该加强农民工区位问题的研究。总体来看，目前对农民工务工区位研究的学者还较少，可以称得上屈指可数。地理学的重要趋势之一是加强解释力较强的微观研究和实践性较强的应用研究，在农民工方面也应如此，农民工的流动只有在微观方面给予科学的解释，才能在宏观方面科学地理解这种过程和制定相应的政策。其次，应加强不同区域的案例研究，以丰富务工区位理论的研究成果。目前已有的研究成果大多集中于中部地区，如河南、安徽等省，而东部地区和西部地区的研究成果较少，只有从多方位的案例研究中才能全方位地把握务工区位的规律。再次，目前虽然有了一定数量的案例研究，但在理论方面仍然较为薄弱，需要进一步在不同的案例研究基础上进行理论概括，总结出农民工务工区位的一般规律，构建科学合理的理论框架。最后，在研究方法上，应进一步加强模型分析和量化分析，以更精细地揭示农民工务工区位特点和规律。当然这需要有关部门加强对农民工的统计工作，因为目前已有的统计数据很少且不系统，仅仅依靠笔者的调查，只能获得局部和案例性的数据。

第 3 章

背景区域的农村人口流动

    本书的研究对象主要是河南省的若干案例村，为了从整体上了解农民工的流动状态，我们需要从背景区域（河南省和全国）着手分析，以便对宏观区域的农民工流动有一个大致的印象。由于缺乏农民工流动数据，我们以农村人口流动替代，由于农村人口流动的主体是农民工，因此，这样的研究还是具有较大意义的。

3.1　中国农村人口省际流动研究
——基于第六次人口普查数据

    改革开放以来，中国国内人口迁移流动日趋活跃，成为推动经济发展、影响区域经济发展差异变动的重要因素（王桂新，徐丽，2010），并成为社会各界关注的焦点（周皓，梁在，2006）。从地理学角度出发，研究人口流动与迁移的空间结构、流量、流向已成为目前热点领域之一，涉及迁移流动人口的选择性、空间格局及模拟、影响因素、社会经济影响（张文新，朱良，2004；王国霞等，2012；Henry et al.，2003；Au and Henderson，2006）等方面。人口普查作为全面深入了解人口发展动态的重要手段，尤其是随着人口流动和迁移普查项目的逐步推开，其调查数据也不断为地理学者们所利用，成为研究全国性人口迁移流动的重要手段。基于全国人口普查数据的人口流动和迁移的研究也不断被刷新，研究涉及返迁人口（周皓，梁在，2006；Zhao；2002）、迁入地选择影响因素（段成荣，2001；Shen and Wang，2012；Bao et al.，2009）、省内迁移与省际迁移（Fan，2005a；Fan，2005b；He and Pooler，2002；马红旗，陈仲常，2012；Sandra，2006）迁移机制（Fan，2009；Li，2004；王国霞，2008）、空间形态与分布（鲍曙明等，2005；Liang and Ma，2004；刘盛和等；2010）、区域模式（王桂新等，2012）、时空变化（Liu et al.，2007）、区域分异和流场特征等领域（丁金宏等，2005；刘望保等，2012；蔡建明等，2007）。但是，以上基于人口普查数据的研究主要是针对全部迁移流动人口而开展的，对其中的农村人口流动研究较少，而在人口流动与迁移中，农村人口是最重要的主体（国务院人口普查办公室、国家统计局人口和就业统计司，2012）。同时，已有的关于农村人口流动的个别研究也主要是基于 10 年前较早时期的数据开展的迁移机制（王国霞，2008）、迁移态势（王国霞，鲁奇，2007）的研究，基于第六次人口普查数据的农村人口省际流动研究仍较少。此外，在研究指标上，以往研究多采用迁移量、迁移率等单一指标，缺乏综合指标的运用。本书基于 2010 年全国第六次人口普查数据，通过有效流动率和笔者构造的农村人口流动指数指标和方法，对农村人口省际流动及影响因素进行研究，以了解中国农村人口流动的空间规律，为制定人口流动和区域发展相关政策提供参考。

3.1.1　数据与方法

3.1.1.1　数据

数据来源于 2010 年中国第六次人口普查（简称"六普"）。六普对象为普查标准时点（2010 年 11 月 1 日零时）在中华人民共和国（不包括台湾、香港和澳门地区）境内的自然人以及在中华人民共和国境外但未定居的中国公民[27]，不包括在中华人民共和国境内短期停留的港澳台居民和外籍人员。普查长表数据中的"全国按现住地、户口登记地类型分的户口登记地在外乡镇街道人口"的人户分离人口即为广义的流动人口，其中的农村流动人口是指城市建成区以外地区的流动人口，本书界定为户籍为街道以外的登记人口，包括户籍为乡、镇的居委会、镇的村委会的登记人口。由于长表是按 10% 抽样，因此由样本推算整体采用将抽样数据扩大 10 倍的方法进行。

3.1.1.2 方法

衡量人口流动的指标较多，常用的如流动量（包括流入量、流出量、净流动量）、流动率（包括流入率、流出率）等。流动量虽然刻画了流动的绝对数量，但由于各地区行政区域面积和人口数量的较大差异，在进行区域对比时存在较大缺陷。流动率虽然考虑了当地的人口数量，在一定程度上可以进行区域比较，但不能表示相对于人口流动量的真正的有效流动，因为当地的人口数量包含了人口出生、人口死亡及人口流入、流出等情况。

有效流动率的概念来自于有效迁移率。有效迁移率最早由托马斯（Thomas）在 1941 年提出，随后被美国的加勒（Galle & Galle，1972）、布莱恩（Plane，1984）、麦克休和戈伯（Mchugh & Gober，1992）、德国的孔图伊等（Kontuly，et al.，1997）使用。经过不断的演化，现在有效迁移率是指净移民占总移民的比例（Stillwell & Hussain，2010），转化为流动人口领域，有效流动率指净流动人口占总流动人口的比例，即：

$$Q_i = \frac{U_i - V_i}{U_i + V_i} \quad i = 1, 2, \cdots, n \qquad (3-1)$$

其中，Q_i 为 i 地区的有效流动率，U_i 为 i 地区某时点的流入人口数量，V_i 为该时点的流出人口数量，n 为区域的总数量。Q_i 物理含义为净流动量（流入量－流出量）占总流动量（流入量＋流出量）的比例，取值区间为 $[-1, 1]$，当 $Q_i \in [-1, 0)$ 时，表示有人口的净流出，当 $Q_i \in (0, 1]$ 时，表示有人口的净流入，当 $Q_i = 0$ 时，表示流入量等于流出量，人口流动总量没有变化。该指标仅考虑流动人口而不考虑人口总量，因而直观地说明了真实的人口流动状况。

但是，该指标未能说明一国内部各地区之间人口流动数量差异的影响，而实际上这种差异是巨大的。为此，我们对该系数进行修正，提出农村人口流动指数 R_i 的概念。

令：
$$S_i = Q_i \times \frac{U_i + V_i}{\sum\limits_{i=1}^{n} (U_i + V_i)} \quad i = 1, 2, \cdots, n \qquad (3-2)$$

则：
$$R_i = S_i \bigg/ \frac{1}{2} \sum_{i=1}^{n} |S_i| \quad i = 1, 2, \cdots, n \qquad (3-3)$$

农村人口流动指数 R_i 表示了区域 i 农村人口流动的特征，既表示了流动盈余和亏损，又表示了在全国农村人口流动中的地位。其取值范围为 $[-1, 1]$，当 R_i 为负值时，表示为流动亏损地区，R_i 越小，流动亏损程度越大；当 R_i 为正值时，表示该地区为流动盈余地区，R_i 越大，流动盈余程度越高；当 R_i 为 0 时，表示流动平衡地区。R_i 取正值时，其和为 1；取负值时，其和为 -1，因此，R_i 表示了某地区农村人口流动在正值区或负值区的相对位置。

利用全局 Moran's 指数 I 和局域 Moran's 指数 I_i 指标来进行空间关联分析。其中，

$$I = \frac{n \sum\limits_{i=1}^{n} \sum\limits_{j \neq i}^{n} w_{ij} (x_i - \bar{x})(x_j - \bar{x})}{S^2 \sum\limits_{i=1}^{n} \sum\limits_{j \neq i}^{n} w_{ij}} \qquad (3-4)$$

$$I_i = \frac{n(x_i - \bar{x}) \sum\limits_{j} w_{ij}(x_i - \bar{x})}{\sum\limits_{i} (x_i - \bar{x})^2} \qquad (3-5)$$

式中，$S^2 = \frac{1}{n}\sum\limits_{i=1}^{n}(x_i - \bar{x})^2$；$\bar{x} = \frac{1}{n}\sum\limits_{i=1}^{n}x_i$，$n$ 为样本的个数，x_i 表示在 i 处空间对象的观测值，w_i 为空间权重值。利用标准化统计量 Z 来检验空间自相关的显著性水平。

利用 OLS 方法进行多元线性回归分析，多元线性回归模型的一般模型为：

$$Y = \beta_0 + \beta_1 X_1 + \beta_2 X_2 + \cdots + \beta_n X_n + \varepsilon \qquad (3-6)$$

其中，y 为因变量，$X_i (i = 1, 2, \cdots, n)$ 为自变量，$\beta_i (i = 1, 2, \cdots, n)$ 为待估参数，可通过 OLS 方法进行估计，ε 为随机误差项。

3.1.2　结果分析

3.1.2.1　农村人口有效流动率空间分布

我国农村人口有效流动呈现出由版图腹地向沿海、沿边流动的总趋势。由图 3-1 可知，有效流动率的正值区主要集中于东部沿海地区、南部沿海地区、京津地区、内蒙古及包括新疆、西藏、青海在内的西部地区，而负值区则集中分布于中部地区、西南地区及东北黑辽地区，除黑辽二省外，农村人口流动由中部地区和西南地区向沿海、沿边地流动趋势明显。有效流动率的高值区主要集中在广东、浙江、北京、天津和新疆 5 省区，其次为海南、福建、江苏、辽宁、西藏等。低值区主要集中于中部地区的河南、安徽、湖北、湖南、江西，西南地区的四川、贵州和广西等地，其次为黑龙江、重庆、甘肃、吉林、河北、陕西等。农村人口流动的主因是人口压力作用，有效流动率的负值区往往是人口众多、非农产业不发达的区域，该区域农村人口为获得较高的收入而流入工作机会较多和收入较高的地区，包括经济较为发达的沿海地区，也包括人口较为稀少而资源较为丰富的西北及青藏地区。

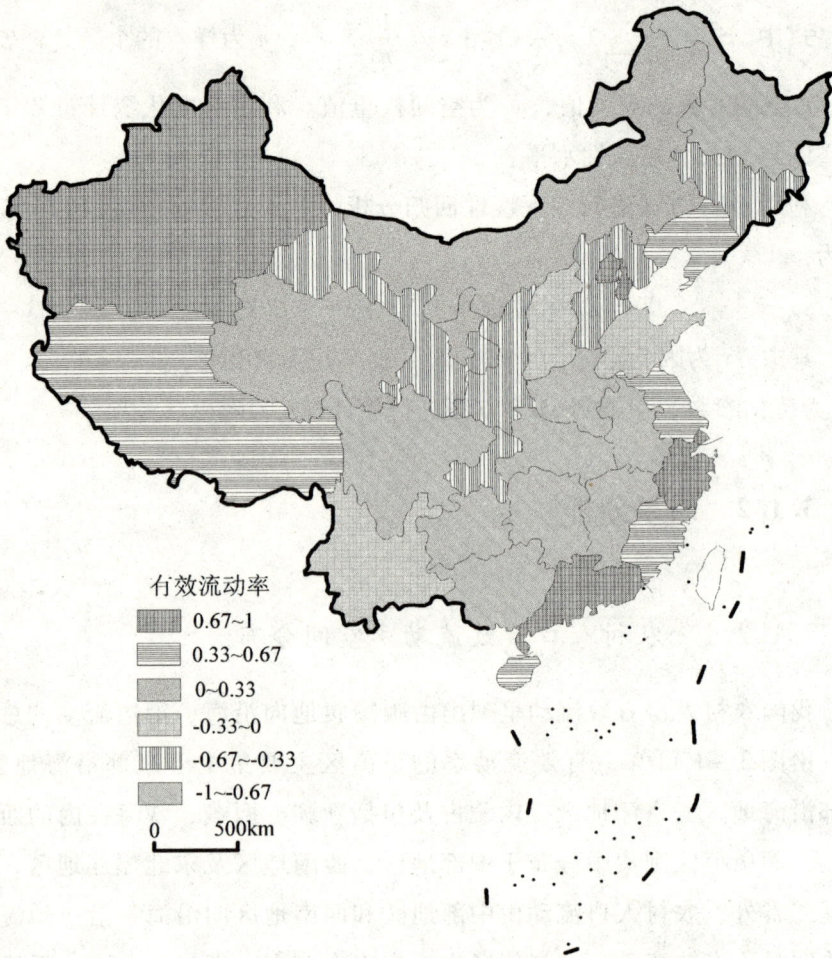

图 3-1　农村人口有效流动率分布

采用 Geoda1.4.6 对有效流动率进行全局空间自相关分析（空间权重矩阵采用共边方法计算），发现其具有空间自相关性，但 Moran's 系数较低，为 0.128（显著性水平 0.05，见图 3-2），表明全国各地区有效流动率在全局上具有弱相关性。通过对有效流动率的局域空间自相关分析，发现其低—低值集中区分布于湖北、湖南、重庆、贵州、云南，其邻区也为低值区（见图 3-3）。这些低—低值分布区实际上就是我国人口压力最大的地区，也是我国农村人口流出最多、最重要的地区。宁夏为高—低值集中区。宁夏因其独特的地理位置、较小的人口压力，以及受西部大开发的影响，使其成为有效流动率的正值区，省外流入人口遍及全国各地，但主要来源地相对集中，具有明显的地区性，来自西部的人最多，其次是东南沿海地区（王锋，2006）。东部沿海和南部沿海地区虽然在沿海方向构成高值区，但由于周围存在低值区，因此并未形成高—高值集中区。

　　和 2000 年第五次人口普查（简称五普）相比（见表 3 – 1），农村人口有效流动率分布格局发生了较大变化。变化最为显著的是流动趋势改变的 4 个省区（见图 3 – 4），其中，山西和云南的有效流动率由五普的正值转变为六普的负值，即农村人口流动由净流入转变为净流出，内蒙古和青海则出现相反的趋势。农村人口有效流动率为正值的诸省区中，增加的地区主要包括江苏、浙江、福建、西藏、天津、上海、北京、广东，表明其作为农村人口的净流入区，流入强度得到提高，尤其是江苏

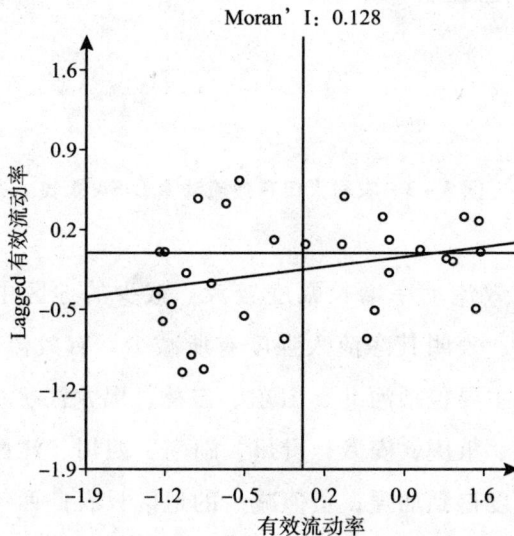

图 3 – 2　农村人口有效流动率全局空间自相关 Moran's 值

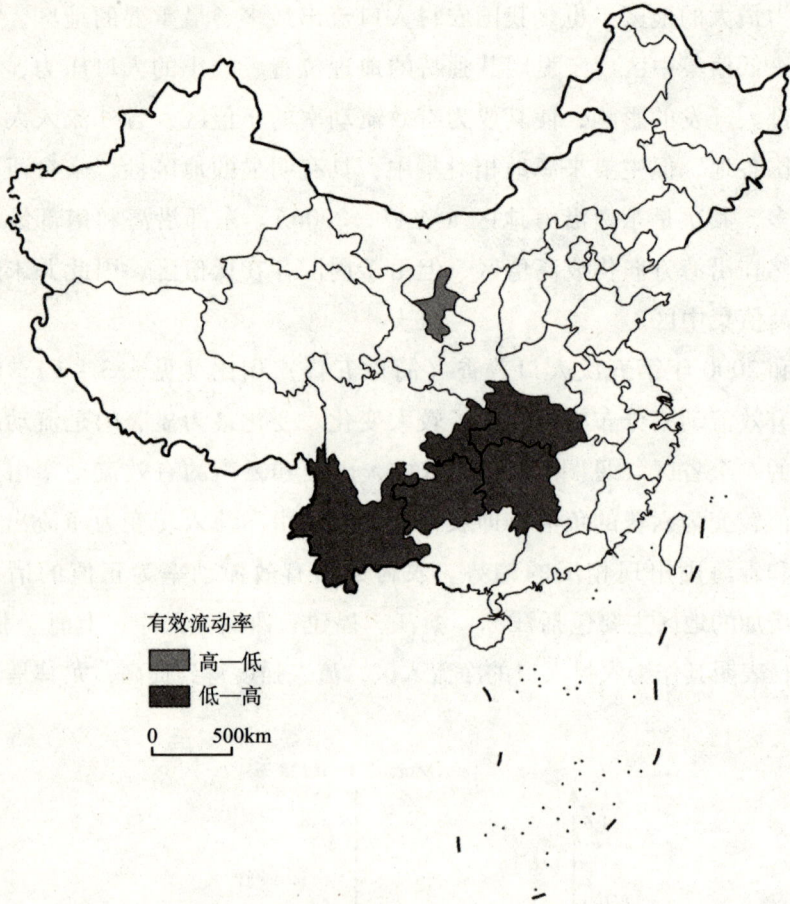

图 3－3　农村人口有效流动率 LISA 聚集

和浙江两省，有效流动率增长幅度较大；减少的地区主要有辽宁、新疆、宁夏和海南，表明其净流入强度有所减少。有效流动率负值区中，负值增加的地区主要包括河北、山东、吉林、黑龙江、甘肃、陕西、湖北、湖南、河南、重庆、安徽、贵州、湖南、四川、江西，说明其农村人口的净流出强度得到加强；负值减少的地区只有广西一地。农村人口有效流动率的变化主要取决于净流动量在总流动量的比例，而净流动量主要取决于当地农村人口的多少和经济发展水平，并随区域经济格局的调整而发生相应变化。此外，基期流动量的大小，也影响着有效流动率变动的幅度和强度。

表 3 - 1 　　　　　　　　各地区农村人口主要流动指标

序号	现住地	流入量 （万人）	流出量 （万人）	流入率 （人／千人）	流出率 （人／千人）	有效 流动率	人口流动 指数
1	北京	475.1940	7.3510	242.2111	3.7469	0.969532	0.0892
2	天津	156.7480	9.4860	120.6413	7.3009	0.885872	0.0281
3	河北	95.3800	238.9150	13.2590	33.2122	-0.42937	-0.0274
4	山西	66.1490	71.5210	18.5078	20.0108	-0.03902	-0.0010
5	内蒙古	105.3400	73.4550	42.6102	29.7127	0.178333	0.0061
6	辽宁	128.4370	54.8640	29.3577	12.5406	0.401378	0.0140
7	吉林	29.4090	88.1580	10.7074	32.0971	-0.49971	-0.0112
8	黑龙江	34.0640	171.1010	8.8861	44.6342	-0.66794	-0.0261
9	上海	778.5380	5.8910	338.1036	2.5583	0.98498	0.1474
10	江苏	635.8990	245.6390	80.8072	31.2147	0.442704	0.0744
11	浙江	1164.9250	143.9650	213.8847	26.4325	0.78002	0.1948
12	安徽	49.7570	878.8060	8.3531	147.5321	-0.89283	-0.1582
13	福建	363.3060	140.4510	98.3769	38.0317	0.442386	0.0425
14	江西	38.7320	516.5650	8.6799	115.7634	-0.8605	-0.0912
15	山东	146.8170	229.4920	15.3128	23.9357	-0.2197	-0.0158
16	河南	39.3970	741.4640	4.1887	78.8333	-0.89909	-0.1339
17	湖北	70.0650	497.1380	12.2322	86.7922	-0.75295	-0.0815
18	湖南	44.4300	650.3320	6.7625	98.9836	-0.8721	-0.1156
19	广东	1976.0810	51.4120	189.2623	4.9241	0.949285	0.3672
20	广西	58.4600	381.2110	12.6811	82.6922	-0.73407	-0.0616
21	海南	42.9590	20.1780	49.4605	23.2318	0.360819	0.0043
22	重庆	67.7200	301.7190	23.4762	104.5958	-0.63339	-0.0446
23	四川	75.1700	774.9380	9.3438	96.3264	-0.82315	-0.1335
24	贵州	61.7590	361.2940	17.7522	103.8517	-0.70803	-0.0571
25	云南	92.3120	128.2690	20.0608	27.8749	-0.16301	-0.0069
26	西藏	12.8880	3.0010	42.8569	9.9793	0.622254	0.0019
27	陕西	66.3480	155.3910	17.7628	41.6015	-0.40157	-0.0170
28	甘肃	31.5080	122.6020	12.3079	47.8918	-0.5911	-0.0174
29	青海	23.7190	16.9250	42.1297	30.0622	0.167159	0.0013
30	宁夏	30.0860	15.5030	47.5322	24.4929	0.31988	0.0028
31	新疆	151.0770	15.6370	69.1393	7.1562	0.812409	0.0258

资料来源：根据第六次人口普查资料推算。

有效流动率变动

正负值变动
正值：增加
正值：减少
负值：增加
负值：减少

0   500km

图 3 - 4   2000 ~ 2010 年农村人口有效流动率变动

3.1.2.2 农村人口流动指数空间分布

农村人口流动指数的正值区在东部主要分布于南部沿海、东部沿海、京津地区，在西部主要分布于新疆（见图 3 - 5）。这些地区是农村人口流动量大且以流入为主的地区，六普时流入农村人口 5701.77 万人，占全国的 80.16%。在省区上，流动指数最大的 3 个地区分别为广东、浙江、上海，其流动指数分别为 0.3672、0.1948、0.1474，合计为0.7094，占正值区流动指数之和的 70.94%，其中广东最为突出，是我国最为重要的农村人口流入区。其次为北京、江苏、福建、天津和新疆，

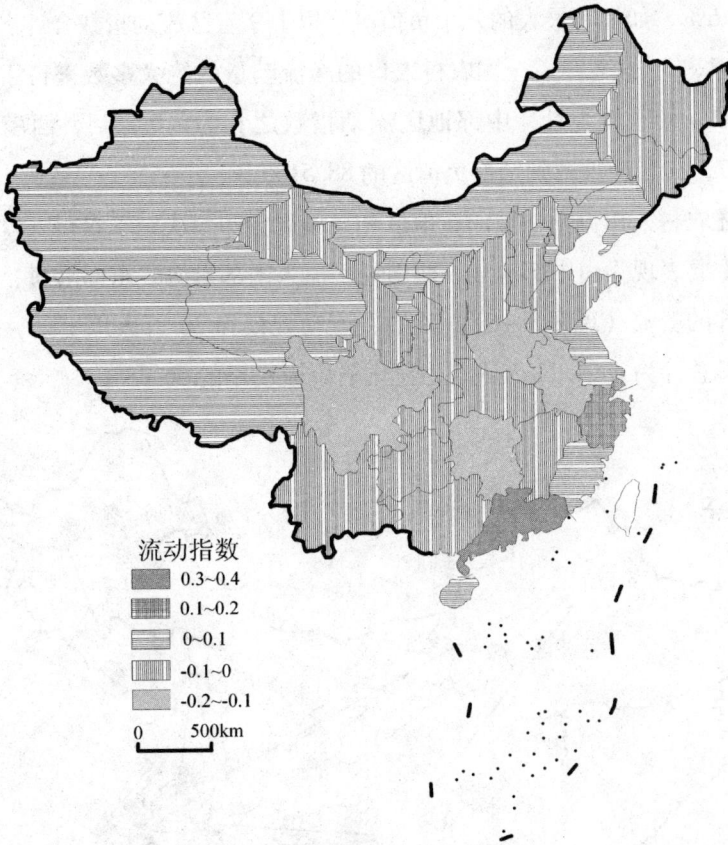

图 3 - 5　中国农村人口流动指数分布

其流动指数之和占全国正值区的 26.02%。而另据统计，上述 8 个地区农村人口省际流入量占全国的 80.16%。对比有效流动率，内蒙古、西藏和青海并未进入正值区前列，因这三个地区虽然净流入量占本地区流动总量比重较大，但绝对数量却较小，仅占全国的 0.93%。

农村人口流动指数的负值区主要集中于中部地区和西南地区，表明该区域是我国农村人口的主要流出区。负值区中的最大的几个省份分别为安徽、河南、四川、湖南，其值均在 -0.1 以上，四者之和占负值区的 54.12%，但其之间的差距远小于正值区中的最大几个省市数值之间的差距，表现得较为均匀，说明在农村人口净流出的贡献中四者差距较小。其次为江西、湖北、广西、贵州、重庆等省市，其值分布于 -0.04 ~ -0.09，合计占到负值区的 33.6%，如加上最大的几个负值区，以上 9 省区流动指数合计占到负值区的 87.72%，这意味着全国农村人口的净流动量的绝大多数来自于这 9 个地区。如以大区域统计，中部地区流动指数之和为 -0.5814，西南地区为 -0.3037，二者合计占到全部负值区的 88.51%。

上述农村人口流动指数的正值区和负值区分布，决定了农村人口的流动方向，主要表现为由中部地区、西南地区流入南部沿海、东部沿海、京津地区和西部的新疆（见图 3-6）。其中，流动规模在 30 万人以上的，其流动人口流量总计为 4721.11 万人，占全国省际流动量的 66.38%。

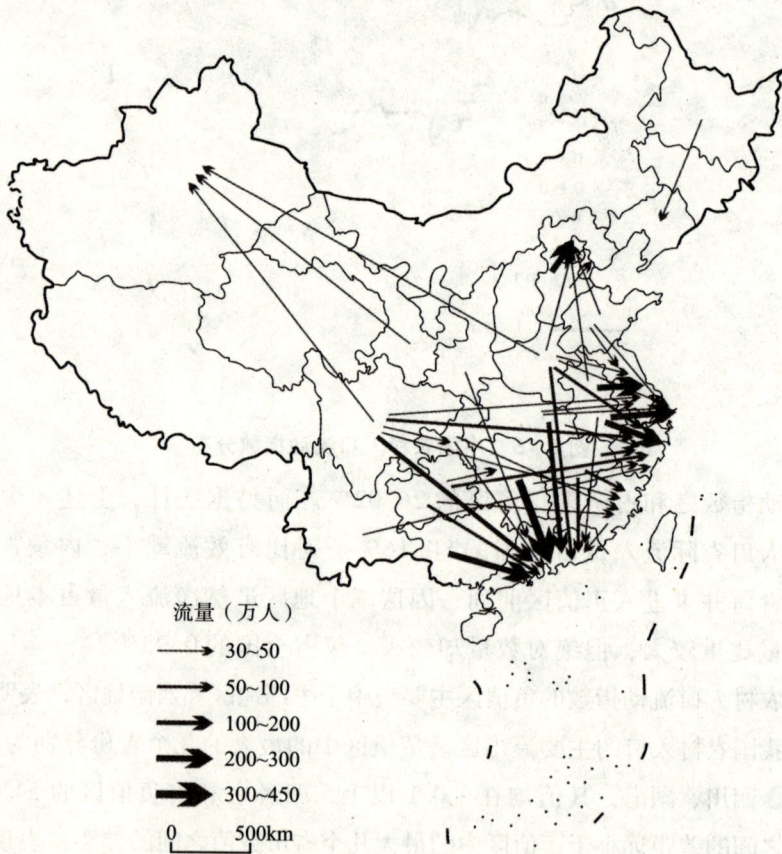

流量（万人）

→ 30~50
→ 50~100
➜ 100~200
➤ 200~300
➤ 300~450

0   500km

图 3-6　农村人口省际流动主要流向分布示意

　　对比农村人口有效流动率，农村人口流动指数负值区中的主要地区和其负值区基本吻合，但数值的序位有少许变化，除了四川变动为 2 位序外，其余均为 1 位序变动或无位序变动。但正值区的位序变化要大得多，这说明在农村人口的净流入区中，流动方向和净流动量有较大差异，而在净流出区中，这种差别要小得多。

　　和农村人口有效流动率类似，农村人口流动指数从五普到六普也发生了显著变化。流动指数数值符号发生变化的仍为内蒙古、青海、云南和山西，变动趋势同有效流动率。对比有效流动率，由于广东和西藏农村流动人口在全国所占比例从五普到六普有所下降，因而其从正值增加区中删除而进入正值减少区（见图 3 - 7），表明广东和西藏净流入强度有

图例：流动指数变动
正负值变动
正值：增加
正值：减少
负值：增加
负值：减少
0　　500km

图 3 - 7　2000 ~ 2010 年农村人口流动指数变动

所减少，而其他呈正值的省区则表现为增加态势。在流动指数负值区中，重庆、湖南、四川、江西由于同样的原因（尽管其有效迁移率有所上升），而进入负值减少区中，说明其净流出强度有所减少，而其他负值区省区则呈加强态势。

农村人口流动指数全局空间自相关 Moran's 指数为 -0.0032（显著性水平 0.05），基本上不存在空间自相关关系。局域空间自相关聚集分析表明，其聚集区和有效流动率相似，但低—低值区不包括湖南在内，其余同有效流动率（见图 3-8），包括宁夏的高—低值区和其余四个低—低值区。

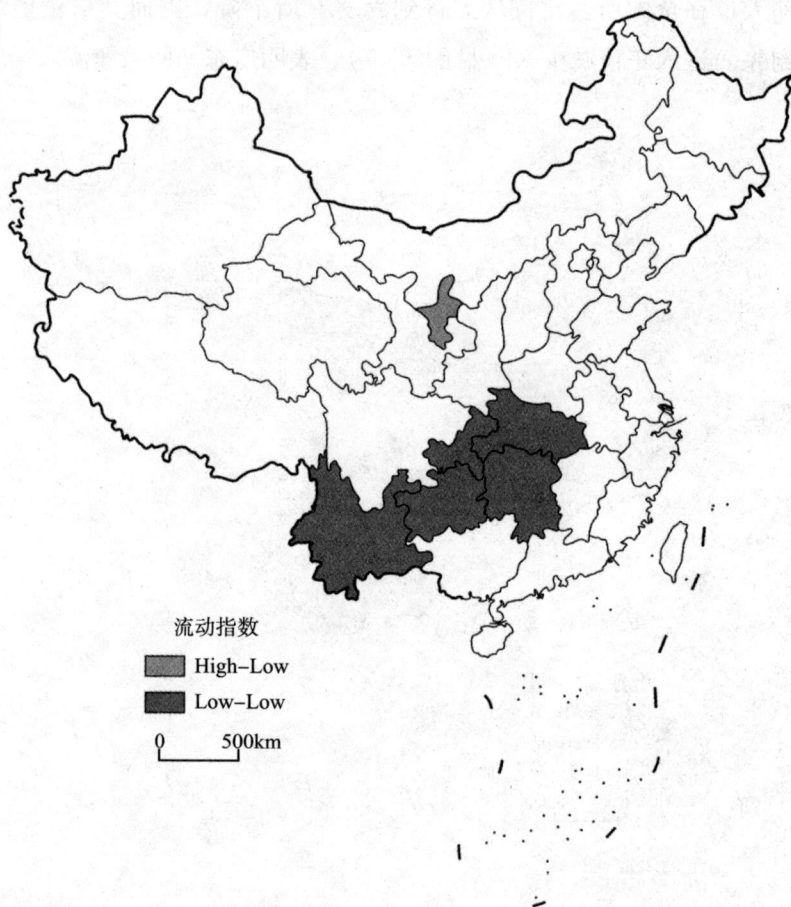

图 3-8　农村人口流动指数局域空间自相关聚集

3.1.3 影响因素分析

考虑到因变量指标的代表性和篇幅的限制，本书选择农村人口流动指数作为因变量进行分析。由于农村人口流动指数全局空间自相关 Moran's 指数较小，且空间依赖性未通过相关检验，因此采用传统的 OLS 方法进行系数估计。

3.1.3.1 因子选择

我国目前的农村人口流动主要是经济因素驱动的结果。在农村，农业是其经营的主要产业，但由于农产品价格较低且农业经营规模过小，农民不能获得较高的收入，因此外出务工成为众多农民工的首选。另外，由于我国市场经济的不断发展及区域经济格局不断调整，一些地区的非农产业和城市经济得到较大的发展，客观上促进了对劳动力的需求。因此，农村人口从农村进入城镇务工成为必然。促使农村人口外出的因素来自于较大的人口压力，与此相关的因子包括人口总量、农村人口总量、经济发展水平和经济总量，一般地，地区人口总量越大、农村人口总量越大、经济发展水平越低、经济总量越小，会有较多的农村人口外出，农村人口流动指数会越小。相反的地区会吸引较多的农村人口流入，农村人口流动指数将会较大。另外，流入地务工收入较高，会吸引更多的农村人口流入，而务工收入与城镇平均工资相关。农村人口流动从时间上看是一个连续的过程，先期的人口流入和流出状况可影响后期的人口流入和流出特点，特别是在我国人口流动中社会网络的作用显著（Haug，2008），上期人口普查中的流入量和流出量会对当期的净流入量和净流出量产生影响，农村人口流动指数会发生相应的变化。距离制约着流动人口的社会网络（高更和等，2009），而社会网络是流动人口选择务工地的重要因素。综合以上考虑，我们选择农村人口总量、经济发展水平、人口总量、流出存量、经济总量、距离、流入存量、城镇工资水平等因素作为自变量进行分析。为避免因子间共线性问题，经相关系数分析，以 0.8 为阈值，上述因子均可作为独立变量进入模型。各变量的含义如表 3-2 所示。

表 3-2   变量及其定义

变量	名称	单位	含义
X_1	农村人口总量	亿人	2010 年六普时按照城镇化率计算的农村人口数量
X_2	经济发展水平	亿元	2010 年六普时的人均国内生产总值
X_3	人口总量	亿人	2010 年六普时的人口总量
X_4	流出存量	亿人	2000 年五普时农村人口流出省外的数量
X_5	经济总量	亿元	2010 年六普时的国内生产总值
X_6	距离	万千米	某省会级城市到广州、杭州、上海、南京、北京、福州 6 个流入中心的最小距离
X_7	流入存量	亿人	五普时外省农村人口流入本省的数量
X_8	城镇工资水平	万元	2010 年城镇职工平均工资（年工资）

3.1.3.2 模型运算结果及分析

将各地区自变量值和因变量值输入到 Geoda1.4.6 中后，运行 Regression 模块，可得到表 3-3 的 OLS 回归结果。模型解释了变量变化的 93.77%，解释力很强，其他各项指标均通过了检验。

表 3-3   农村人口流动指数模型运算结果

变量	系数	标准误	T 统计量	显著性水平
常数	0.0170	0.0329	0.5169	0.6104
农村人口总量	0.3970	0.2927	1.3562	0.1888
经济发展水平	0.0031	0.0082	0.3758	0.7106
人口总量	-0.5245	0.2282	-2.2979	0.0315
流出存量	-2.1431	0.7820	-2.7407	0.0119
经济总量	0.0689	0.0214	3.2215	0.0039

变量	系数	标准误	T 统计量	显著性水平
距离	− 0. 0309	0. 1156	− 0. 2676	0. 7915
流入存量	4. 2475	0. 5623	7. 5535	0. 0000
城镇工资水平	− 0. 0011	0. 0097	− 0. 1098	0. 9136

注：调整 R^2 = 0. 9377，F = 57. 4309，P = 0. 0000。

由表 3 – 3 可知，整体上，农村人口流动指数与人口总量、流出存量显著负相关，与经济总量、流入存量显著正相关。人口总量显著负向影响流动指数，人口总量越小，人口压力越小，农村人口流动将以净流入趋势为主，流动指数将增大，在控制其他变量的前提下，人口总量每减少 1 亿人，流动指数将增加 0. 5245，反之亦然。流出存量显著负向影响农村人口流动指数，上期流出存量越大，在流动惯性的作用下，当期流出数量就越大，农村人口将以流出为主，因而流动指数将减小，流出存量每增加 1 亿人，流动指数将减小 2. 1431，反之亦然。经济总量显著正向影响农村人口流动指数，地区经济总量越大，就业机会越多，越吸引农村人口流入，而流出农村人口将减少，人口流动总趋势将以流入为主，整体上，经济总量每增加 1 万亿元，流动指数将增加 0. 0689；相反，地区经济总量越小，就业机会越少，流出的农村人口就越多，人口流动总趋势将以流出为主。流入存量显著正向影响农村人口流动指数，通过链式流动机制，上期农村人口流入量越大的地区，当期流入农村人口就越多，而流出的农村人口越少，净流入趋势加剧，流入存量每增加 1 亿人，流动指数将增加 4. 2475。另据对两期农村人口流入量的相关分析，相关系数高达 0. 934（显著性水平 0. 01），说明早期流动目的地对后期的人口流动产生了重要影响，而事实上，在中国当前特定的社会背景下，农村人口流动主要是在社会网络的引导下完成的。

3.1.4 结论

农村人口流动是中国人口流动的主体，对中国的人口空间格局和区域发展产生了重要影响。基于第六次人口普查长表数据，采用农村人口有效流动率和农村人口流动指数方法，本书对我国农村人口流动进行了研究，可以得到以下结论：

第一，农村人口有效流动率是真实刻画农村人口流动的重要指标，建立在有效流动率基础上的农村人口流动指数既可以表示农村人口流动的方向，也可以表示流动的强度，更可方便地进行区域比较，是刻画和研究农村人口流动的科学方法和指标。

第二，农村人口有效流动呈现出由中部地区和西南地区向沿海、沿边流动的总趋势，有效流动率在全局上具有弱相关性，但这种相关的程度不高，局部上的低—低值聚集区分布于湖北、湖南、重庆、贵州、云南，高—低集中区分布于宁夏。农村人口流动指数的正值区主要分布于南部沿海、东部沿海、京津地区和新疆地区，负值区主要集中于中部地区和西南地区，由负值区进入正值区的农村人口流动构成了我国农村人口流动的主要方向和路径。农村人口流动指数在全国范围内基本不存在空间自相关关系，局域低—低值聚集区与有效流动率相似，但不包括湖南，局域高—低值聚集区分布和有效流动率相同。从五普到六普，农村人口有效流动率和人口流动指数空间分布均随社会发展和区域经济格局变化发生了相应变化。

第三，农村人口流动指数与人口总量、流出存量显著负向关联，与经济总量、流入存量显著正向关联。农村人口流动的实质是农村人口应对人口压力的现实表现，农村人口流动方向由人口压力梯度决定，在流动目的地的选择中，由社会网络决定的链式流动是其主要机制，流动网络和流动惯性在中国特定的社会背景下具有普遍意义。发展地方经济，减轻人口压力，提供有效的就业信息、增加社会诚信度，是避免农村人口盲目流动的现实选择。

对于农村人口流动的全国性研究目前研究成果并不丰富，本书通过对第六次人口普查数据的挖掘，使用农村人口流动指数方法，研究了农村人口流动的空间分布特征、流向和影响因素，但由于缺乏这些人口流动的微观动因数据（人口普查中的微观原因是针对全体普查人口的），因此未对农村人口流动的微观动因进行量化分析，需要后续研究加以弥补。此外，上述人户分离的农村人口中，可能部分属于改变常住地的迁移农村人口，本研究未加区分，依现有数据也无法区分，故定义为广义的流动人口，其他学者在引用本成果时应加注意。此外，虽然本书研究的是农村人口流动，但其设计的流动指数指标也可应用于一般的人口流动或人口迁移之中。

3.2 河南省农村人口流动空间研究

人口流动是社会经济发展过程中普遍存在的现象（严善平，2007）。改革开放以来，中国国内人口流动迁移日趋活跃，成为推动经济发展的重要因素（王桂新，徐丽，2010），并成为社会各界关注的焦点（周皓，梁在，2006）。从地理学角度出发，研究人口流动迁移的空间结构、流向和流量已成为目前热点领域之一，涉及流动迁移的空间格局、流动迁移人口的选择性、影响因素、社会经济影响（张文新，朱良，2004；李扬，刘慧，2010；Henry et al.，2003；Au & Henderson，2006）等方面。人口普查中的迁移流动长表数据为研究人口流动迁移提供了丰富而翔实的数据，以此为基础的研究也不断被刷新，涉及省际迁移流动特征（Bao et al.，2009；Fan，2005a；刘望保等，2012；He & Pooler，2002）、迁移区域模式与迁入地选择（段成荣，2001；王桂新等，2012）、迁移重心（王桂新、徐丽，2010）、迁移动因（王化波和 Fan，2009；Fan，2009）、区域影响（杨蔚等，2008；Li，2004）、影响因素（Fan，2005b；Sandra，2006）、案例地区研究（周鸿，2004）等，或是利用统计迁移数据对省内迁移空间选择与空间特征进行研究（郭永昌，2012；张苏北等，2013）。河南省为我国人口大省、农业人口大省，2011 年年底总人口为 9388 万人，农村人口为 5579 万人，分别居全国第 3 位和第 1 位，同时，河南也为农村人口输出大省，2012 年外出农民工 2570 万人（河南省统计局，国家统计局河南调查总队，2013），占全国的 9.79%，此外，河南地处中部，居中的位置使其外出人口的分布具有丰富性和代表性，因此对河南省农村人口流动的分析具有较强的典型性。然而，关于河南省农村人口流动的研究目前很少见到，而已有的关于河南省人口迁移的研究关注的是 20 世纪 90 年代以前的人口迁移（林富瑞，1985；郭庭柏，1994），且缺乏对人口迁移流动空间结构的分析。此外，上述全国性人口迁移流动和地区性迁移流动的研究主要关注全部迁移流动人口，而非农村人口流动。本书基于第六次人口普查数据，对河南省农村人口流动省内流动和省际流动空间结构进行研究，以了解农村人口流动规律，并为制定农村人口流动政策和区域发展政策提供参考。

我国长期以来实施户口登记制度而非居住地登记制度，因而人户分离数据较为丰富，而人口迁移数据较难获得。严格意义上，人口流动和人口迁移是两个概念，但由于统计上的原因，再加上多数农村人口进入城镇后并未真正在城镇定居，不属于真正的迁移人口，因此从流动人口中剥离迁移人口较为困难且意义不大。本书使用 2010 年第六次人口普查长表中的的人户分离人口作为流动人口（即广义的流动人口）进行分析。另外，农村流动人口指城市建成区街道以外的流动人口，本书界定为户籍为街道以外的登记人口，包括户籍为乡、镇的居委会、镇的村委会的登记人口。

3.2.1　省内流动

省内流动虽然是河南省农村人口流动的次要方式，但在省内流入农村人口中却是最重要的流动方式。据第六次人口普查数据，河南省流出到省外的农村人口达 741.46 万人，占河南省全部农村流动人口的 57.04%，在省内流动的农村人口 558.31 万人，占 42.96%，即河南省农村人口主要以流出省外为主。但是在流入河南省的农村流动人口中，来自省内的占绝对优势，达 558.31 万人，占总流入人口的 93.70%，而来自省外的仅 37.52 万人，仅占总流入人口的 6.30%，由此可见，来自省内的农村人口远远超过来自省外的农村人口，甚至可以说，省外流入人口对于河南省而言是微不足道的。实际上，全国 31 个省级行政区中，河南省是最重要的农村人口输出大省，2010 年第六次人口普查时的输出农村人口居全国第 3 位，占全国的 10.43%。河南省为人口大省、农业人口大省，在当前农业比较效益日益下降的情况下，众多的农村人口选择外出务工获得必要的经济收入，其中一部分选择了在省内流动，另一部分选择在省外流动。由于河南经济较为落后，本地就业市场有限，多数的农村人口选择了跨省流动。当然，农村人口流动的原因除了务工经商以外，还包括拆迁搬家、随迁家属、婚姻嫁娶、学习培训、投亲靠友、寄挂户口等原因，但最主要的原因还是与务工经商有关。

来自省内的农村人口主要流入郑州市、南阳市、洛阳市、信阳市、安阳市、周口市、驻马店市等地市（见图 3-9）。这 7 个地区接纳省内流动农村人口 383.84 万人，占全省 18 个地区的 68.75%。其中，以郑州市、洛阳市、南阳市为甚，流入省内农村人口 253.29 万人，占全省的 45.37%。这些地区的显著特点是总人口多、乡村人口多、经济总量大。改革开放以后，随着我国经济的发展和人口流动政策的改变，越来

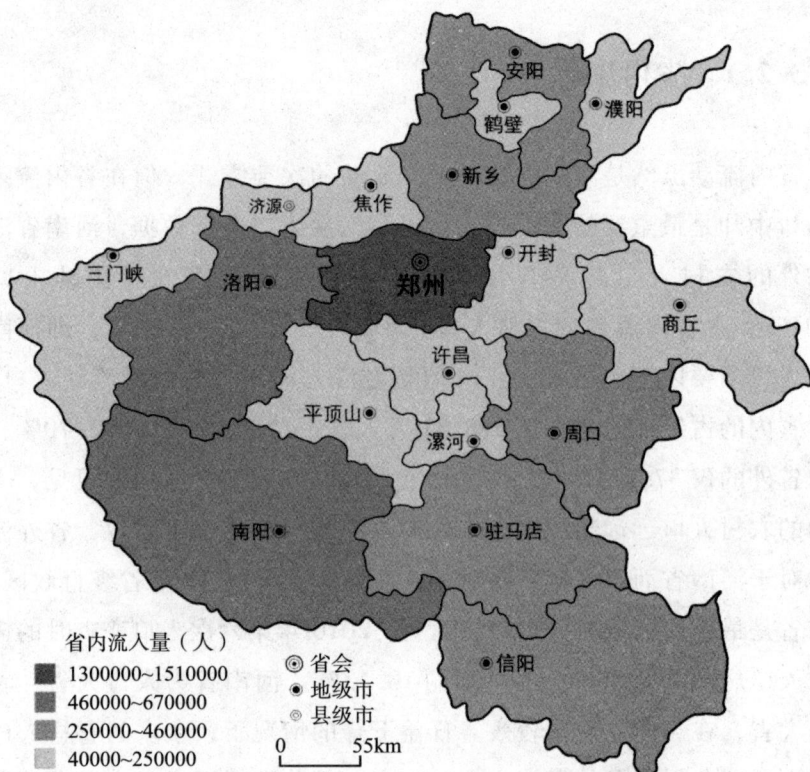

图 3 - 9　河南省各市吸纳省内流动农村人口数量分布

越多的农村人口选择了流动，因为比较效益日益低下的农业难以满足农民对生活水平日益提高的收入的需求，而外出务工经商无疑是最优的选择。作为一种普遍现象，发生于省内任何地区，因而造成总人口多、农村人口多、经济总量大的地区在省内外流动的农村人口就越多。除了郑州省会城市外（经济较为发达），省内流动农村人口较多的地区往往也是土地面积较大的地区，因为土地面积和人口总量多数是正相关的。郑州市为河南省省会，经济较为发达，吸纳省内流动农村人口最多，为 150.51 万人，占全省的 26.96%。其次为南阳市和洛阳市，吸纳省内流动农村人口分别为 52.01 万人和 50.77 万人，分别占全省的 9.32% 和 9.09%。南阳市为人口大市，总人口超过 1000万人，占全省的 10.92%，土地面积达 2.66 万平方千米，占全省的 15.84%，地大人多，因而流动人口和吸纳农村人口较多。洛阳市人口总量居全省第 6位，土地面积居第 3 位，再加上经济总量较大（居河南省第 2 位），因而吸纳省内农村流动人口较多。

　　外出半年以上的农村人口主要集中在信阳市、周口市、驻马店市、南阳市、商丘市等豫南、豫东地区（见图 3 - 10）。这 5 市外出农村人口 1160.91 万人，占全省的 59.06%。这些地区的显著特征是人均 GDP较小、城镇化率较低、人口较多和农村人口较多。豫南、豫东地区长期以来为河南省经济较为落后、城镇化水平较低的地区，同时也是人口基数大、农村人口众多的地区，在人口大流动的背景下，这些地区的农村人口无疑成为流动大军，他们可能在本省内流动，也可能流出省外。周口市外出农村人口 261.88 万人，占全省的 13.32%，居全省第 2 位，与

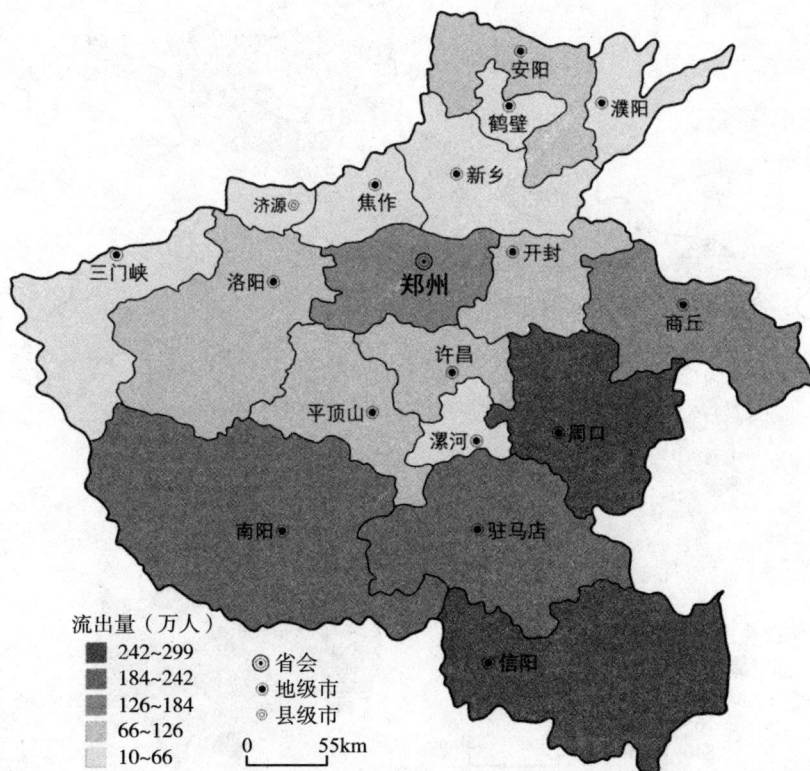

图 3 - 10　河南省各市外出半年以上农村人口数量分布

43

其总人口和乡村人口较多（均居全省第2位），城镇化率较低（倒数第1），经济较为落后（人均GDP倒数第1）有关。信阳市与周口市类似，外出流动农村人口298.04万人，占全省的15.16%，居第1位，但其总人口居第7位，乡村人口居第5位，人均GDP倒数第4位，城镇化率倒数第6位。事实上，乡村人口为流动人口的基础来源，若当地经济较为落后、城镇化率较低时，农村人口多数会选择外出的决策，因为本地无法满足其取得较高收入的机会。不仅在绝对数量上农村流动人口集中在豫南和豫东地区，从相对指标的农村人口流动率（万人中农村流动人口的数量）分析，同样也是如此。上述地区不仅在绝对数量上占据优势，在相对指标上也占据优势（见图3-11），绝地指标和相对指标具有很

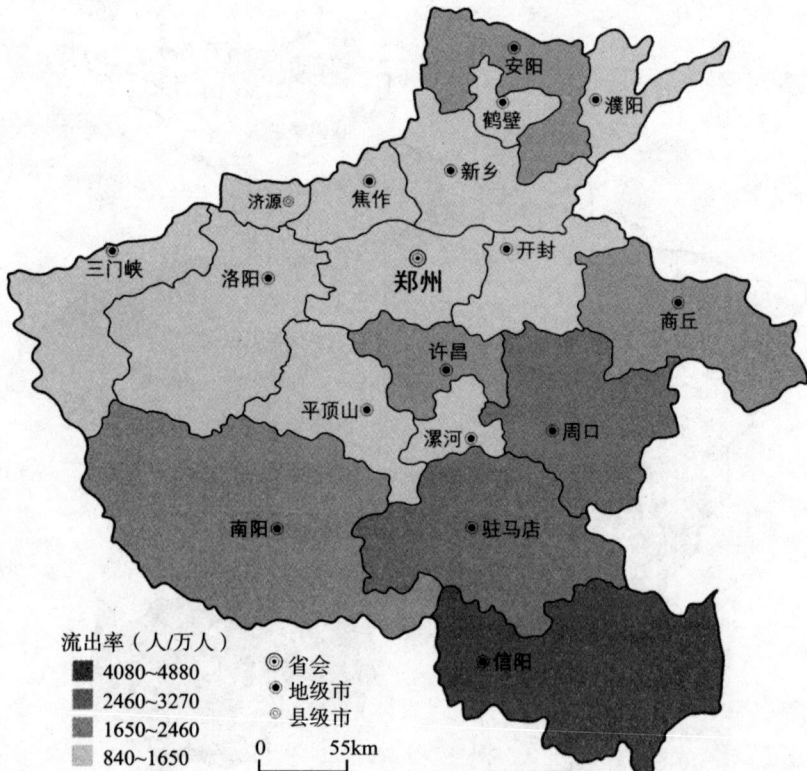

图3-11 河南省各市农村人口流出率分布

高的相关性，二者的皮尔逊相关系数为 0.889（显著性水平 0.01）。这表明，豫南豫东地区并非单纯由于行政区域面积大和人口众多造成农村流动人口较多，流动率高也是重要原因。

3.2.2　省际流动

3.2.2.1　流出

河南省跨省流动的农村人口分散于全国各地，但主要集中于广东、浙江、江苏、北京、上海等地（见图 3 - 12）。据六普数据，河南省跨省流动的农村人口总计 741.46 万人，在全国其他 30 个省区均有分布（台湾、香港和澳门没有统计数据），但分布数量差异较大，主要集中于上述 5 省市，流入河南省农村流动人口 523.53 万人，占河南省省际流动农村人口数量的 70.61%，这些地区均为经济较为发达的东部沿海地区。而其余地区分布较少，包括毗邻的周围省区在内，其流动数量均较少（除山东、江苏外）。尤其是广东和江苏，流入河南省农村人口均在 100 万人以上，其中，最大的广东流入 164.66 万人，占全部省际流动农村人口的 22.21%，居第 2 位的浙江，流入农村人口 123.46 万人，占全省的 16.65%。这些地区之所以成为河南农村人口外出流动的首选地，是因为其经济较为发达导致的较多的工作岗位和较高的的工资性收入。例如，广东省 2010 年 GDP 为 46013.06 亿元，居全国第 1 位，占全国的 10.53%，同时就业人员数量居全国第 2 位，平均工资居全国第 6 位，因而吸引较多的河南农村人口流向广东省，尤其是早在 20 世纪 90 年代，广东就成为我国最重要的制造业中心，曾吸引全国大批的农村人口流向该地区，以后随着广东经济的持续发展和农村人口的链式流动，越来越多的河南农村人口流入广东。早在 2000 年五普时，广东即为河南最大的农村人口流入地，其跨省流动农村人口占全省的 32.74%。和广东省类似，浙江省也为河南省农村人口长期和集中流入的地区之一，2010 年浙江省 GDP 为 27722. 31 亿元，居全国第 4 位，就业人数居第 7 位，平均工资居第 5 位，但浙江是在 2000 年以后成为河南第二大人口流入地的，因为 2000 年第五次人口普查时，北京市和新疆的流入量在浙江之上。因此可知，农村人口流动是动态的过程，对流入地的选择也是随着区域经济发展而不断变化的，农民对流入地的选择是理性的。

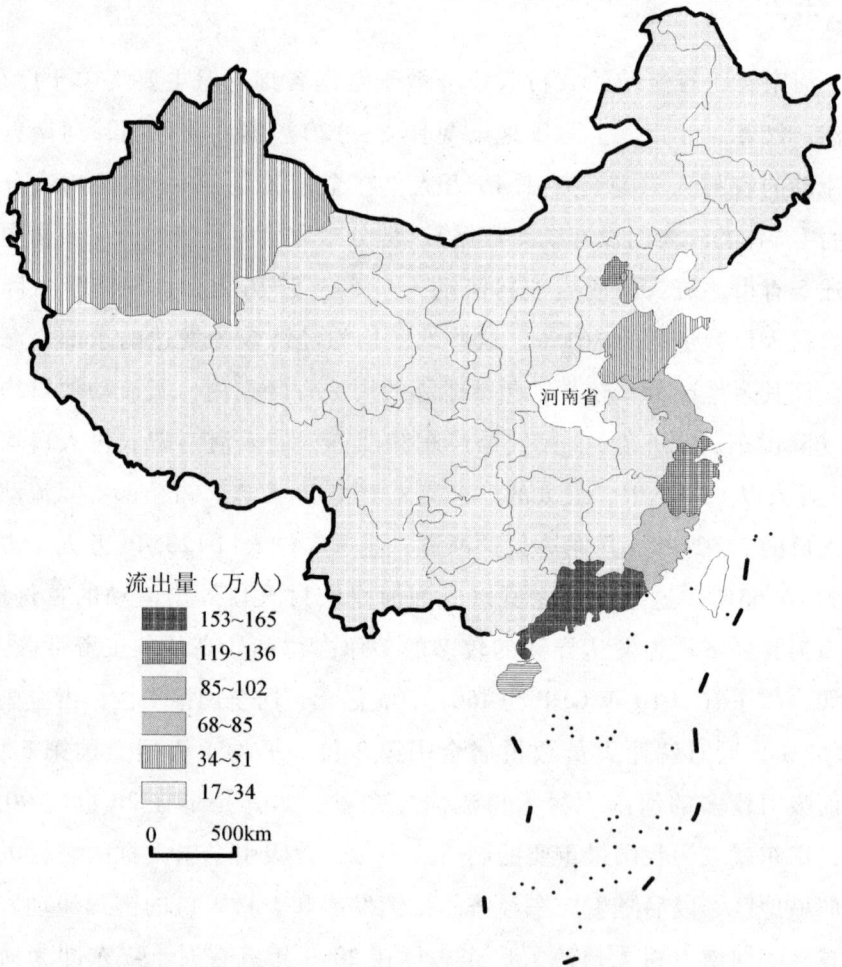

河南省

流出量（万人）

153~165
119~136
85~102
68~85
34~51
17~34

0   500km

图 3-12   河南省流出到外省区的农村人口数量分布

　　和五普相比，河南省跨省流动的农村人口数量除显著增加外，其分布格局发生了较大变化。五普时，河南省跨省流动的农村人口为 214.27 万人，而六普时猛增到 741.46 万人，10 年间增加 2.46 倍，同时其分布格局也发生了明显变化。五普时，河南省农村人口流入地排名前十位分别为广东、新疆、北京、浙江、江苏、上海、湖北、河北、山东、山西，流动人口占全国跨省流动量的 85.03%，其中，除经济发达地区外，不乏毗邻省份。而到六普时，前十位则变为广东、浙江、江苏、北京、上海、新疆、福建、山东、天津、山西，其流动人口总量所占比重变化不大，为 85.82%，但毗邻省份中湖北和河北被删除。其中，广东仍保持第一的地位，位次没有发生变化，但所占流动总量的比重由 35.65% 下降到 22.21%，表明其高度集中的程度有很大程度的下降。新疆则由第 2 位下降为第 6 位，所占比重由 11.16% 下降为 4.73%%。北京由第 3 位下降为第 4 位，浙江由第 4 位上升为第 2 位，江苏由第 5 位上升为第 3 位，上海由第 6 位上升为第 5 位，山东由第 9 位上升为第 8 位，山西地位没有变化，福建和天津进入前十位（见图 3 - 13）。这些表明，距离对人口流动的影响随着区域经济的发展和格局的变化而下降和变化，长三角和京津冀经济地位的提升影响了农村人口流动的变化，也改变了中国东部南北向经济的对比格局。

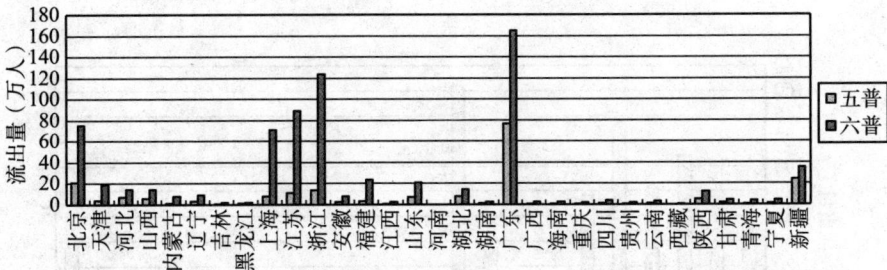

图 3 - 13　河南省五普和六普流入到外省区农村人口数量

　　距离对省际农村人口流出量具有复杂的影响。一方面，从整体上看省际流出农村人口集中于 1300 千米以内的较近距离内（见图 3 - 14），距离以省会级城市的直线距离表示；另一方面，用距离和流出量进行相关分析，并未发现其具有相关性。实际上，农村人口对流出地的选择具有多因素性。对于农村人口流动的主体——务工者而言，首先考虑的是能否找到工作岗位和取得较高的收入，即流动目的地的经济发展水平具有最重要的影响；其次，要考虑如何安全实施流动过程，其中，关系网络的引导往往起着核心作用，前期的流动者往往引导着新的流动者前往目的地，即链式流动。链式流动实际上是一种通道效应，通过流动通道，使后来的流动者实现了空间流动。新疆距离河南2440千米，是距河南最远的省区，但流入农村人口35.09万人，是河南农村人口主要流入区之一，在流入区中排第6位，高于福建省和山东省，也显著高于周围毗邻省份。其形成的主要原因与流动通道有关，新中国成立前河南省的人口流动大多沿陇海铁路往西进行，新中国成立初期河南支援开发建设边疆的较大规模的人口迁移也主要沿陇海兰新铁路进行，同时与新疆资源丰富、西部大开发等新疆经济的发展有关。与此形成鲜明对比的是河南周围毗邻的几个省份，如安徽、湖北、陕西、山西、河北，虽然距离很近，但流动人口却不多，一般在10万人左右，因为其经济发展水平和可能的工作机会和本省比没有更大的优势，当然，在毗邻省份中，江苏和山东由于经济发展水平较高，吸引了不少河南省的农村流动人口，其中，山东为20.79万人，江苏为89.17万人。

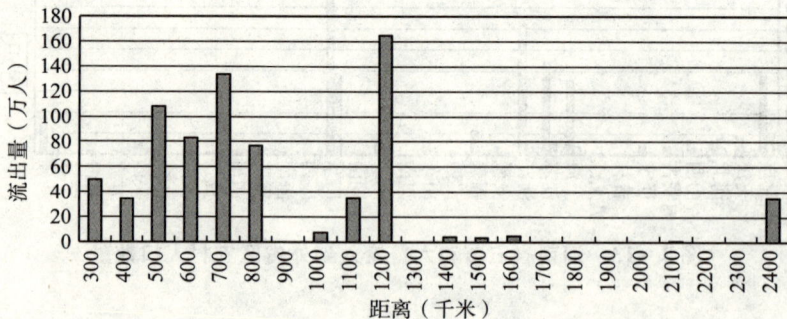

图 3 - 14　流出到外省的农村人口数量与距离的关系

注：横坐标的刻度为相应距离区段的下限值，如300千米代表300~400千米的距离。

3.2.2.2　流入

相对于省际农村人口流出量，由外省区进入河南的农村流动人口数量较少且分布较为分散。据六普数据，外省区流入河南的农村人口总计为 39.40 万人，仅及由河南流出到外省区农村人口的 1/19，在省际农村人口流动中，河南主要表现为流出，而不是流入。同时，来源地较为分散，集中度较低，最大的 10 个流入地和最大的 5 个流入地累计农村人口流入量仅占到总流入量的 71.48% 和 45.51%，而流出量同等指标为 85.82% 和 70.61%。河南为我国人口大省和农业人口大省，在中国区域经济的发展过程中，由于经济发展水平的差异和人口压力的不同，河南农村人口较多地选择在跨省流动，而由外省区进入河南的农村人口则较少。省区之间的农村人口流动，除了务工经商外，还包括前述的随迁家属、婚姻嫁娶、学习培训、投亲靠友等，这些原因是导致一国区域之间人口流动的主要原因和普遍原因，我们称为自然流动，自然流动是解释外省区农村人口流入河南的重要原因。

流入河南省的省际流动农村人口主要来自河南周围毗邻地区，如安徽、湖北、山东、河北、山西、江苏、陕西等毗邻地区（见图 3-15 和图 3-16），表明地理近邻效应发挥了重要作用。近邻省份流入河南的农村人口总计为 21.36 万人，占全部流入人口的 54.21%，其中，由安徽流入农村人口最多，为 4.975 万人，其次为湖北，流入人口 4.172 万人，其余省区均在 3 万人以下，最小的两个省区均在 1000 人以下，其中，西藏为 830 人，上海为 930 人。安徽与河南之间省界线较长且多为平原，两省社会经济发展水平大致相当，2010 年人均国内生产总值安徽为 20747.57 元，河南为 24765.93 元，城镇化率二者分别为 44.8% 和 40.57%；职工平均工资分别为 33341 元和 29819 元，因此，由安徽流入河南的农村人口较多。与此类似，湖北和河南之间也有较长的省界线，经济发展水平大致相当，因此湖北也有较多的农村人口流入河南。但是，总体来看，即使是邻省之间，河南仍以流出为主，净流动量（流出量减去流入量）均为正数，且数量较大，如山西为 12.31 万人，河北为 11.37 万人，陕西为 10.76 万人，湖北为 10.14 万人。如以较为发达的江苏和山东为计算对象，则净流动量更大，前者为 87.08 万人，后者为 17.50 万人。只有和安徽大致相当，但仍为正数（2.65 万人）。除了近邻外，隔省（和河南省之间在空间上只存在一个省级行政单元）的四川、浙江、湖南、江西流入河南农村人口也较多，分别为 2.57 万人、2.40 万人、2.93 万人和 2.76 万人，此外，较远距离的福建也较多，为 2.35 万人，其余 18 个省区较少，合计仅占总流入量的 21.41%。

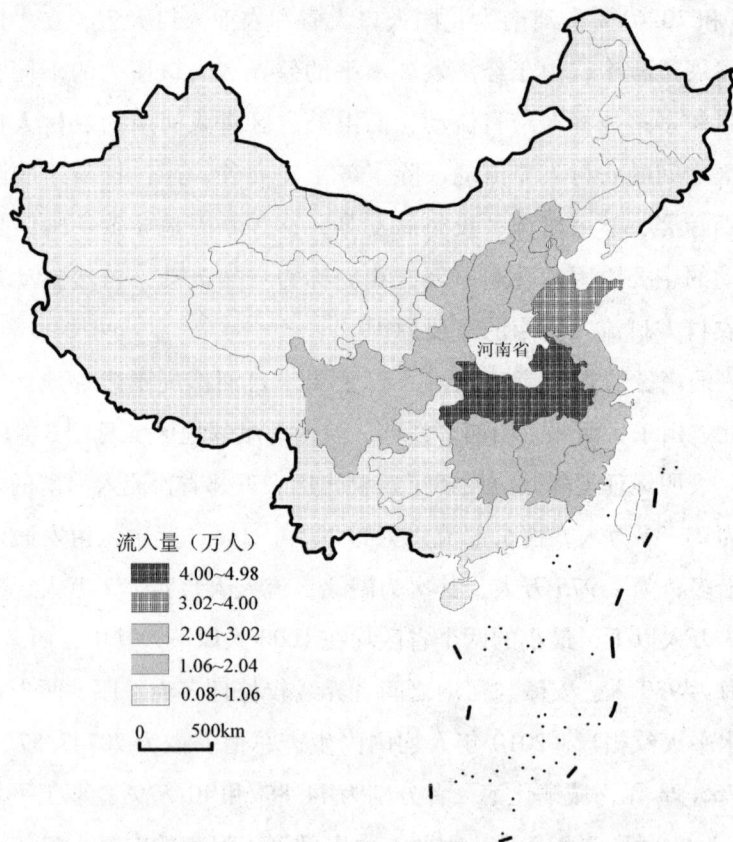

图 3-15　河南省省际流入农村人口数量分布

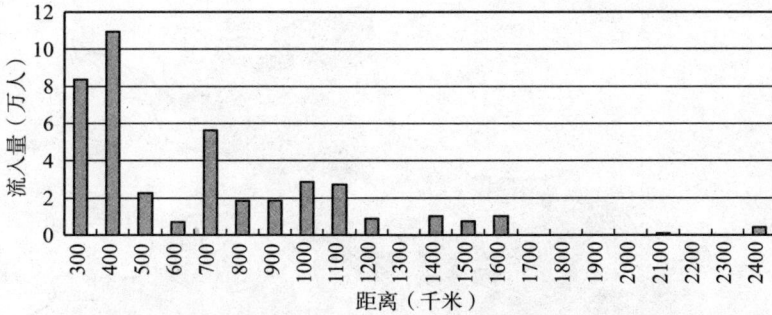

图 3 - 16　外省流入河南的农村人口数量随距离变化

注：横坐标的刻度为相应距离区段的下限值，如 300 千米代表 300 ～ 400 千米的距离。

省际流动的农村人口主要流入郑州和洛阳等经济相对发达的中原城市群地区。据六普数据，流入包括郑州、洛阳、开封、平顶山、新乡、焦作、济源、漯河、许昌在内的中原城市群地区的省际流动农村人口 26.92 万人，占省际流入农村人口总量的 71.75%，而中原城市群地区的人口仅占全省的 44.17%，土地面积仅占 36.01%。其中，省会郑州最为集中，省际流入农村人口总量达 16.87 万人，占全省总量的 44.95%，其次为洛阳，为 3.84 万人，占全省的 10.24%。其他省际流入农村人口数量较大的地区还有安阳市、信阳市、南阳市等地（见图 3 - 17）。综观全省，流入量绝对数量较大的地区多为经济总量较大的地区，省际流入率（万人中流入省际农村人口的数量）相对指标较大的地区多为人均 GDP 较大的地区，经过相关分析，上述两对指标的相关系数分别为 0.903 和 0.669（显著性水平 0.01）。由此可知，经济因素是决定省际农村人口流动的最重要因素。

3.2.3　影响因素

河南省农村人口流动从空间上可划分为省内流动和省际流动两类，因此相应的影响因素也可从这两个角度分析。但由于省际流动中流出量

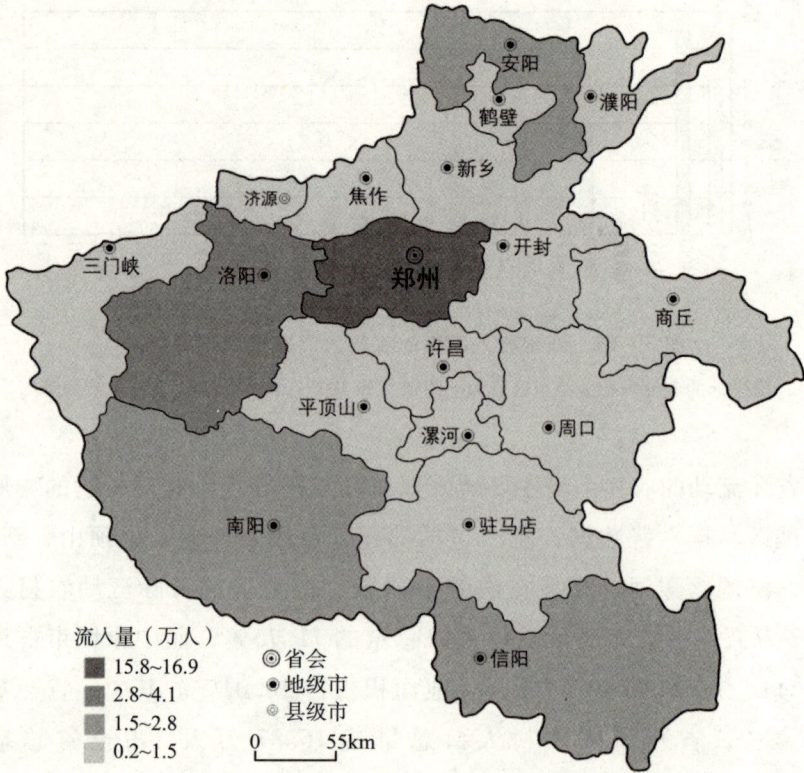

流入量（万人）
- 15.8~16.9
- 2.8~4.1
- 1.5~2.8
- 0.2~1.5

◎ 省会
◉ 地级市
◦ 县级市

0   55km

图 3 − 17   河南省各市省际农村人口流入量分布

远远高于流入量且由不同的原因导致，因此省际流动从流出量和流入量两个方面分析，所以下面以省内流动（用各市净流动量代表）、省际流出量、省际流入量三个独立变量进行分析。预估的多元线性回归模型为：

$$Y = \beta_0 + \beta_1 X_1 + \beta_2 X_2 + \cdots + \beta_k X_k + \mu \qquad (3-7)$$

其中，Y 为因变量，$X_j (j = 1, 2, \cdots, k)$ 为解释变量，$\beta_j (j = 0, 1, 2, \cdots, k)$ 为回归系数，k 为解释变量的个数，μ 为随机误差项。

3.2.3.1   省内各市净流动量影响因素

净流动量是指统计时点上某地区流出人口数量减去流入人口数量的差值。影响省内各市净流动量的因素应包括（下列均为各市的指标）：

总人口（单位：万人）、经济总量（以 GDP 表示，单位：亿元）、经济发展水平（以人均 GDP 表示，单位：元）、乡村人口（单位：万人）、农村居民人均纯收入（单位：元）、城镇化率（单位:%）。理论上，总人口越多、经济总量越小、经济发展水平越低、农村人口数量越大、农村居民人均纯收入越低、城镇化率越低，外出流动的农村人口就越多，否则，流入的农村人口就越多。将 2010 年上述变量值引入 Spss16.0 数据表中，采用逐步回归方法进行运算，结果如表 3-4 模型 1 所示。

表 3-4　　　　　　　　　　　　　　模型参数

模型	因子	未标准化系数		标准化系数 Beta	t	Sig.
		B	标准误			
模型 1	常数	-5.6080	23.4384		-0.2393	0.8141
	各市经济总量	-0.0445	0.0132	-0.4406	-3.3557	0.0043
	各市乡村人口	0.4351	0.0616	0.9273	7.0632	0.0000
模型 2	常数	12.1456	4.2492		2.8584	0.0085
	各省经济总量	0.0013	0.0006	0.3639	2.2783	0.0315
	各省净流出存量	1.5836	0.1933	0.5710	8.1917	0.0000
	各省非农就业人数	0.0386	0.0080	1.1093	4.8282	0.0001
	各省总人口	-0.0179	0.0025	-1.1836	-7.1236	0.0000

注：①各模型参数。模型 1：调整 $R^2 = 0.742$，F = 25.4247，Sig. = 0.0000，D. W. = 1.917。模型 2：调整 $R^2 = 0.911$，F = 75.177，Sig. = 0.0000，D. W. = 2.039。
②模型 1 的因变量为各市净流出量，模型 2 的因变量为省际净流出量。

各市经济总量和各市乡村人口两个因子达到了显著水平，其他各因子被删除。整体上看，模型通过了检验，拟合度较高。GDP 是衡量区域经济产出的重要指标，在一定的科学技术水平和一定的制度安排下，其数值越大，表明能够容纳的就业人数就越多，劳动者所取得的报酬就越高，越能吸引更多的农村流动人口。由表 3-4 模型 1 可知，其系数为负数，表明经济总量越大的地区农村人口流出量越少，而流入人口越多，GDP 每增加 1 亿元，农村净流动人口减少 445 人；经济总量越小的地区，农村人口流出量越多，而流入人口越少。乡村人口因子系数为正，表明乡村人口越多的地区，外出流动的农村人口越多，而流入的农村人口越少，乡村人口每增加1万人，农村净流动人口增加4351人，事实上，乡村人口多的地区，经济发展水平较低，人口压力较大，农村劳动力剩余现象严重，外出流动的农村人口就越多，而能接纳的农村人口就越少。

3.2.3.2 河南省际净流出量的影响因素

河南省农村人口省际净流出量即河南省农村人口流出外省（包括自治区、直辖市在内，下同）的人口数量减去由外省流入河南省的数量，净流出量的大小应取决于各省的下列因素：经济总量（GDP，单位：亿元）、非农就业人数（单位：万人）、城镇单位就业人员平均工资（单位：元）、距离（省会城市之间的直线距离，单位：千米）、净流出存量（五普流出与流入的数量差，单位：万人）、城镇化率（单位：%）、总人口（单位：万人）。理论上，经济总量越大、非农就业人数越多、就业人员平均工资越高、距离越近、流出存量越大、城镇化率越高，河南省流出到该地区的农村人口就越多，而外省流入到河南省的农村人口就越少。将2010年上述指标数值引入Spss16.0，采用逐步回归方法进行运算，结果如表3-4模型2所示。

各省经济总量、各省净流出存量、各省非农就业人数和各省总人口等因子达到了显著水平，而城镇化率、城镇单位就业人员平均工资和距离因子被删除。整体上看，模型拟合度较高且通过了检验。各省经济总量因子系数为正，表明经济总量越大的省区，由河南流入的农村人口越多，而由外省流入河南的农村人口越少，经济总量每增加1万元，河南农村人口净流出量增加13人。事实上，经济总量大意味着有较多的工作岗位和较高的收入，经济总量是影响农村人口流动的重要因素。净流出存量因子系数为正，表明人口流动具有惯性，五普时净流动量越大，六普时净流动量也越大，五普时流出量多而流入量少的省区，六普时同样表现出相同的态势，同时其系数较大，说明对省际净流动量的贡献较大，整体上，净流动存量每增加 1 人，净流动量增加 1.5836 人。在农村人口的远距离流动过程中，链式流动是其重要机制，早期流动的关系人的引导，是农村人口实现省际流动的重要途径，因此，净流动存量发挥了重要作用。各省非农就业人数因子系数为正，表明工作机会是影响农村人口流动的重要因素，因为，非农就业人数越多，说明当地工作岗位越多。非农就业人数越多的省区，由河南流入的农村人口越多，而流入河南的农村人口越少，平均非农就业人数增加 1 万人，净流动量增加 386 人。总人口因子系数为负数，表明总人口越多的省区，其人口压力越大，由其流入河南农村人口越多，而由河南流入该省区的农村人口越少。实际上，农村人口流动主要是对不同空间工作机会和收入的一种再平衡，如果从甲地到乙地可以实现工作机会和收入，流动就可发生，否则就可能发生乙地到甲地的流动。平均而言，总人口每增加 1 万人，其流入人口减少 179 人，反之亦然。

　　模型中，距离因子未到显著水平，其原因可能是净流动量中，河南流出人口较多，而流入河南的人口较少，因此前者在净流动量中发挥了主导作用，后者作用甚微，根据前面的分析，河南流出外省的农村人口中，距离不是相关因素，而在外省流入河南的人口中，距离是相关因素，但因为二者不成比例，因此整体上，距离因子被淹没。另外，城镇化率和就业人员平均工资因子未达到显著水平可能是非农就业人数与总人口、经济总量与总人口相互作用产生的替代作用所致。

3.2.4　结论与讨论

　　作为人口流动的主体，农村人口流动对我国的经济社会发展产生了重要影响。基于第六次人口普查数据，通过对河南省省内流动和省际流动的研究，可得到以下结论：

第一，作为经济较为落后的农业大省，省际人口流动成为农村人口流动的主体。省内流动中，农村人口辐散地和辐聚地均较为分散，但辐散地较多的集中于豫东、豫南等经济较为落后地区，辐聚地较多的集中于郑州、洛阳等经济较为发达地区。省际流动中，流出地和流入地也较为分散，但流出地主要集中于粤、浙、苏、京、沪等经济较为发达的地区，流入地主要为皖、鄂、鲁、冀、晋、苏、陕等周围毗邻地区。农村人口对流动目的地的选择是一个理性的动态过程，随着区域经济格局的再平衡而不断变化。

第二，距离对省际人口流动具有复杂的影响，一方面，从整体上看省际流出农村人口集中于 1300 千米的较近距离内；另一方面，流出量并不与距离呈负相关关系，同时，由外省区流入河南的农村人口数量却与距离呈正相关的关系。实际上，经济因素是农村人口流动的关键因素，距离因素的作用仅在自然流动中较为重要。

第三，影响省内各市净流动量的显著因素为各市经济总量和各市乡村人口数量，影响省际净流出量的显著因素为各省经济总量、各省净流出存量、各省非农就业人数和各省总人口。农村人口由总人口较多、经济落后、就业压力大的的地区向经济发展、就业机会多、人口压力小的地区的流动是农村人口流动的一般规律，流动惯性是农村人口流动的重要机制。

本书尝试基于人口普查数据对具有较强代表性的河南省的农村人口流动空间结构及其影响因素进行研究，但由于缺乏农村人口流动微观原因数据，因此仅从宏观层面对影响因素进行了探索，而没有从微观角度进行分析，同时由于缺乏河南省内地区之间的交叉流动数据，因此对省内流动的研究还不够全面和深入，有待于今后进一步的研究和完善。

第 4 章

农民工空间流动的微观分析

4.1　研究样本概况

　　本章主要从微观角度，基于河南省 18 个地市 33 个村庄的 1173 位务工者的调查数据，对农民工空间流动进行微观分析。

　　本次共调查河南省 18 个地市 33 个村庄的 1173 位务工者。此次调查主要是通过调研人员入户问卷调查获取所需数据。根据河南省农民工数量分布情况，考虑到地形、区位、经济发展水平等因素，33 个村庄为随机选择，样本村的空间分布如图 4 - 1 所示。调查员主要来自河南财经政法大学资源与环境学院的研究生和本科生，调查是在经过严格培训后进行的。考虑到农民工的行为特点，调查时间定于 2013 年 2 月农历春节期间（2013 年 2 月 4 日～2013 年 2 月 22 日）。调查方式为问卷调查和村干部访谈。为确保调查单元的完整性，被调查对象选定在行政村下属的一个或两个生产小组中。此次调查共获取包括外出务工次数、目的地分布及流动原因等内容在内的调查问卷 1173 份，经过认真的数据核对和录音核实，通过剔除无效问卷，获得有效问卷 1091 份，此外还获得 33 份调研村概况数据。

图 4 - 1 河南省农民工样本村分布示意

4.1.1 样本村概况

本次调查的 33 个样本村，按照不同的指标划分，各种类型均有分布，且相对均衡，基本上反映了河南省各种类型村庄的基本特点。具体而言，在地形方面，山区样本村 8 个，丘陵 6 个，平原 19 个；在城郊区位方面，近郊样本村 10 个，中郊村 13 个，远郊村 10 个；在经济发展水平方面，经济发展水平低的样本村 14 个，水平中等的样本村 9 个，水平高的样本村 10 个。其中，城郊区位划分标准是：近郊，泛指距最近县城或城市距离 10 千米以内的地区；中郊为距最近县城或城市距离 10 千米以上 30 千米以内的地区；远郊为距最近县城或城市距离 30 千米

之外的地区。经济发展水平划分标准是：低，低于样本总体平均水平的
15%；中，在平均水平的±15%；高，高于平均水平的15%。同时，每
个样本村约27~35个样本务工者，务工者的分布在各种类型中也相对
均衡，且与地形、城郊区位、经济发展水平等各类特征的空间范围和数
量大致匹配。因此，广泛分布的各类样本村和样本务工者确保了本研究
的代表性。各样本村的务工人数情况及所在地区分布如表4-1所示。

表 4 -1 各样本村务工人数概况

序号	样本村名称	所在县（县级市）	所在城市（地级市）	各村调查样本数（个）
1	西小屯村	滑县	安阳市	15
2	大屯村	林州市	安阳市	44
3	寺郎腰村	济源市	济源市	37
4	卫庄	沁阳市	焦作市	30
5	小黄庄	温县	焦作市	27
6	西区	杞县	开封市	36
7	二村	兰考县	开封市	35
8	石槽王村	尉氏县	开封市	35
9	史家湾村	西工区	洛阳市	32
10	梁凹村	孟津县	洛阳市	32
11	东关村	临颍县	漯河市	13
12	周沟村	淅川县	南阳市	39
13	柏树庙村	南召县	南阳市	35
14	观上村	汝州市	平顶山市	30
15	苗候村	湛河区	平顶山市	32
16	万寿村	渑池县	三门峡市	38
17	秦村	渑池县	三门峡市	34
18	前大流村	清丰县	濮阳市	31
19	十里庙村	永城市	商丘市	35
20	大司马村	卫辉市	新乡市	28
21	高店村	长垣县	新乡市	38
22	尹柳洼村	延津县	新乡市	45
23	白赵村	荥阳市	郑州市	23

序号	样本村名称	所在县（县级市）	所在城市（地级市）	各村调查样本数（个）
24	潘店村	正阳县	驻马店市	47
25	贾庄村	遂平县	驻马店市	25
26	五里王村	泌阳县	驻马店市	34
27	姚拐村	太康县	周口市	29
28	崔井村	潢川县	信阳市	10
29	谢坊村	鄢陵县	许昌市	25
30	新立街村	清丰县	濮阳市	45
31	八里村	潢川县	信阳市	40
32	刘店村	睢阳区	商丘市	47
33	祝庄	淮阳县	周口市	45

4.1.2 样本务工者概况

4.1.2.1 务工者个体概况

样本务工者分布情况如表 4-2 所示。在性别构成中，被调查的 1091 位务工者中，男性务工者 723 人，女性务工者 368 人，其所占务工者总数的比重分别为 66.27%、33.73%，务工人员以男性为主，占有较大的比重。务工者中，已婚者有 796 人，占务工者总数的 72.96%，未婚者有 295 人，占务工者总数的 27.04%，总体上务工者以已婚者为主。

从年龄上看，16~20 岁的务工者有 105 人，占务工者总数的 9.62%；21~30 岁的务工者有 449 人，所占比重为 41.15%；31~40 岁的务工者 225 人，占比 20.62%；41~50 岁的有 224 人，占比 20.53%；51~60 岁的有 73 人，占比 6.69%；61 岁及以上的务工者仅有 15 人，占比 1.37%。务工者的年龄构成，主要集中在劳动能力较强的 21~50 岁，所占比例达 82.31%，在 21~30 岁分布的务工者数量最多，务工者以青壮年为主的特征较为明显。同时，务工者的年轻化趋势明显，50 岁以上的务工者分布有 88 人，所占务工者总数的比重为 8.07%。务工者的平均年龄为 33.33 岁，务工者年龄中位数为 30，最小为 16 岁，最大为 75 岁。

表 4-2　　　　　　　　　　样本务工者个体概况

指标	分类	务工人数（人）	比重（%）
性别	男	723	66.27
	女	368	33.73
婚姻	未婚	295	27.04
	已婚	796	72.96
年龄	16~20 岁	105	9.62
	21~30 岁	449	41.15
	31~40 岁	225	20.62
	41~50 岁	224	20.53
	51~60 岁	73	6.69
	61 岁及以上	15	1.37
学历	文盲	8	0.73
	小学	143	13.11
	初中	629	57.65
	高中	259	23.74
	大专及以上	52	4.77
务工年限	1 年以下	11	1.01
	1~2 年	148	13.57
	3~5 年	337	30.89
	6~10 年	289	26.49
	11~15 年	125	11.46
	16 年及以上	181	16.59

在教育程度方面，务工者的学历以初中为主，初中学历的务工者有 629 人，占务工者总数的 57.93%。其次为高中和小学，高中学历的务工者有 259 人，所占比重为 23.74%；小学学历的务工者有 143 人，所占比重为 13.11%。再者，文盲及大专以上学历者很少，没有接受过教育的务工者有 8 人，所占比重为 0.73%；大专及以上学历的务工者有 52 人，所占比重为 4.77%，其中包括 14 名本科学历的务工者和 1 名硕

士学历的务工者。由于我国教育发展的不均衡，农村对教育的不重视或生活原因所致难以支付生活费等原因使得农村劳动力的受教育程度相对较低，虽然国家实施有九年义务教育的相关措施，但是对农村地区受教育程度的改善相对不那么明显。

在外出务工年限方面，外出务工人员的平均外出务工年限为9.14年。务工者中，务工年限在1年以下的务工者有11人，人数分布最少，占务工者总数的比重为1.01%；务工年限为1~2年的务工者有148人，所占比重为13.57%；务工年限为3~5年的务工者有337人，人数分布最多，占比30.89%；务工年限为5~10年的务工者有289人，占比26.49%；务工年限为11~15年的务工者有125人，占比11.46%；此外，务工者的务工年限为16年及以上的务工者有181人，所占总体的比重高达16.59%。整体上，务工者务工年限为3~10年的务工者分布数量较多，有626人，所占比重为57.38%，外出务工已成为农民生计和提高收入的重要途径。被调查的1091位务工者中，务工者的平均务工年限为9.14年，务工者务工年限的中位数为6，最长务工年限46年，最短务工年限0.5年（6个月）。

4.1.2.2　务工者家庭概况

务工农户家庭规模方面，1091个调查样本中，务工者家庭人口是最少的为1人，最多的为13人，平均家庭总人口数为4.91人（约5人），家庭总人口数的中位数为5。其中，家庭总人口数为1人所占比重最小，为0.09%；4口之家、5口之家、6口之家的数量分布较多，分别有381位、268位、205位，所占比重依次为34.92%、24.56%、18.79%；两口之家的务工者仅有14人，占比1.28%；3口之家的务工者有103位，占比9.44%；7口之家的务工者有65人，所占样本总体的比重为5.96%；8口之家的务工者有31人，所占总体的比重为2.84%；家庭总人口数为9口以上的务工者有23人，所占比重为2.11%（见图4-2）。

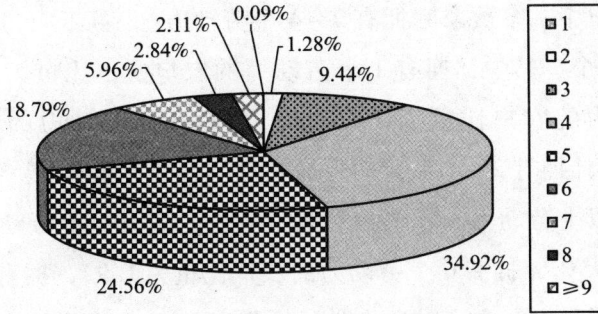

2.11% 0.09%
2.84% 1.28%
5.96% 9.44%
18.79%

34.92%

24.56%

1
2
3
4
5
6
7
8
≥9

图 4 - 2 务工农户家庭规模结构

同时，进一步对务工农户家庭的代际数进行分析（如表 4 - 3 和图 4 - 3 所示），1091 位务工者的家庭的代际数均值为 2.51。务工者家庭中为 1 代人的样本数最少，仅有 15 位，占总体样本的比重为 1.37%；务工者家庭为 2 代人的样本数为 540，所占比重为 49.50%，约占总体的一半；务工者家庭为 3 代人的样本数为 503，所占比重为 46.10%，所占比重也较高；务工者家庭为 4 代人的样本数为 33，占比 3.02%。总体上，务工者家庭代数以二代、三代家庭为主，二者占样本总体的比重高达 95.60%，一代家庭、四代家庭的样本数量相对较少，二者合计数量为 48，所占比重也仅有 4.40%。

表 4 - 3   务工农户的代际数

家庭代际数	样本数	比重（%）	累积比重（%）
1	15	1.37	1.37
2	540	49.50	50.87
3	503	46.10	96.98
4	33	3.02	100

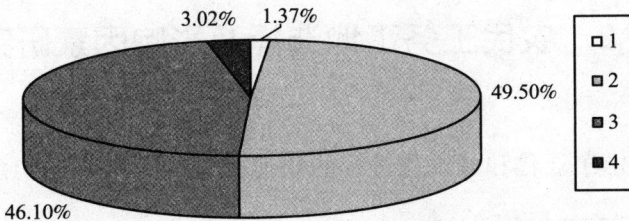

3.02% 1.37%

49.50%

46.10%

1
2
3
4

图 4 - 3 务工农户的家庭代际数分布

务工农户中，多数家庭拥有 2~4 个劳动力①，务工农户平均劳动力数量为 2.94 个。其中，拥有 1 个劳动力的农户所占比重为 6.78%，拥有两个劳动力的农户比重为 35.93%，拥有 3 个劳动力的农户比重为 24.47%，合计拥有 2~4 个劳动力的农户所占的比重为 85.33%。同时，拥有 5 个及以上劳动力的农户相对数量较少，拥有 5 个劳动力的农户所占比重为 4.95%，拥有 6 个劳动力的农户比重为 1.92，拥有 7 个及以上劳动力的农户仅有 8 户，其所占的比重仅有 0.73%。此外，也有 3 户务工者家庭的劳动力数量为 0，这是由于这 3 位务工者的年龄相对较大，均在 60 岁以上，且为男性，家庭代际数为 1 代，由于家庭生活需要而在外务工或就近务工（见表 4-4）。

表 4-4　　　　　　　　务工农户的劳动力数量情况

劳动力数	样本数	所占比重（%）
0	3	0.27
1	74	6.78
2	392	35.93
3	267	24.47
4	272	34.93
5	54	4.95
6	21	1.92
7	6	0.55
8	1	0.09
9	1	0.09

4.2　农民工务工地选择及影响因素研究

随着我国工业化和城镇化进程的快速推进，大量农村剩余劳动力离

---

① 这里对劳动力的界定为男性 18~60 岁，女性 18~55 岁。

开农村而涌入城镇。据调查统计，2013 年全国农民工达 2.69 亿人，其中外出农民工 1.66 亿人（国家统计局，2014c），形成了规模巨大的农村人口流动。宏观上的农村人口流动，在微观上则表现为个体的农民工流动，而流动发生的前提是往哪里流动，务工地的选择成为农民工流动的基础（高更和等，2012）。农民工流动决策中，提高收入是其主要目标（Todaro，1969；赵春雨等，2011），但受外部环境不确定性、信息不完全性、认知能力局限性的影响，流动决策总是以有限理性为约束条件，以认知偏差作为过程影响变量（袁乐平等，2012；何大安，2004），个人、家庭、社区和目的地特征成为流动者有限理性决策的重要影响因素（高更和等，2012；姚静等，2008），农民工就业地选择过程中具有明显的年龄选择特征和技能遴选效应（刘家强等，2011；苏飞等，2013），教育程度、性别、年龄与流动距离相关（李强，2003；Davis et al.，2001），距离对就业地感知强度和决策方式有重要影响（赵春雨等，2011；赵春雨等，2013），家庭福利最大化影响个人的迁移流动行为（Stark et al.，1991；蔡昉等，2003），社会网络成为人口迁移和流动目的地选择的重要引导因素（蔡昉等，2001；Massey et al.，1997；Bauer et al.，2002；Bauer et al.，1997；Haug，2008；Roberts，2001）。以上成果从不同侧面揭示了农民工务工地选择的特点和规律性，但是，农民工务工地在省级行政区及不同空间范围层面上的选择特性及其影响因素的研究成果仍较少。本书以实地调查获得的河南省 33 个案例村农民工务工地选择数据为基础，对农民工务工地选择及其影响因素进行研究，以了解农民工务工地选择规律，并为制定农村人口流动政策和区域发展政策提供参考。

4.2.1 农民工务工地空间分布

河南省农民工在全国的分布具有大分散、小集中的特点。据调查，除西藏和海南外，其余各省市均有河南农民工的分布（港澳台不属于本书的研究范围）。但集中分布于河南、广东、江苏、浙江、北京、上海、山西、河北 8 个省市（见图 4-4）。这 8 个省市务工人员共 941 人，占全部样本的 86.25%。其中，河南省所占比例最大，为 43.62%，其次为广东，所占比例为 9.62%，再次为江苏，比例为 9.26%。除本省外，省际流动的 56.91% 集中于广东、江苏、浙江、北京 4 省市。河南省为农民工家庭所在地，距离最近，农民工对务工地和务工企业最为熟悉，

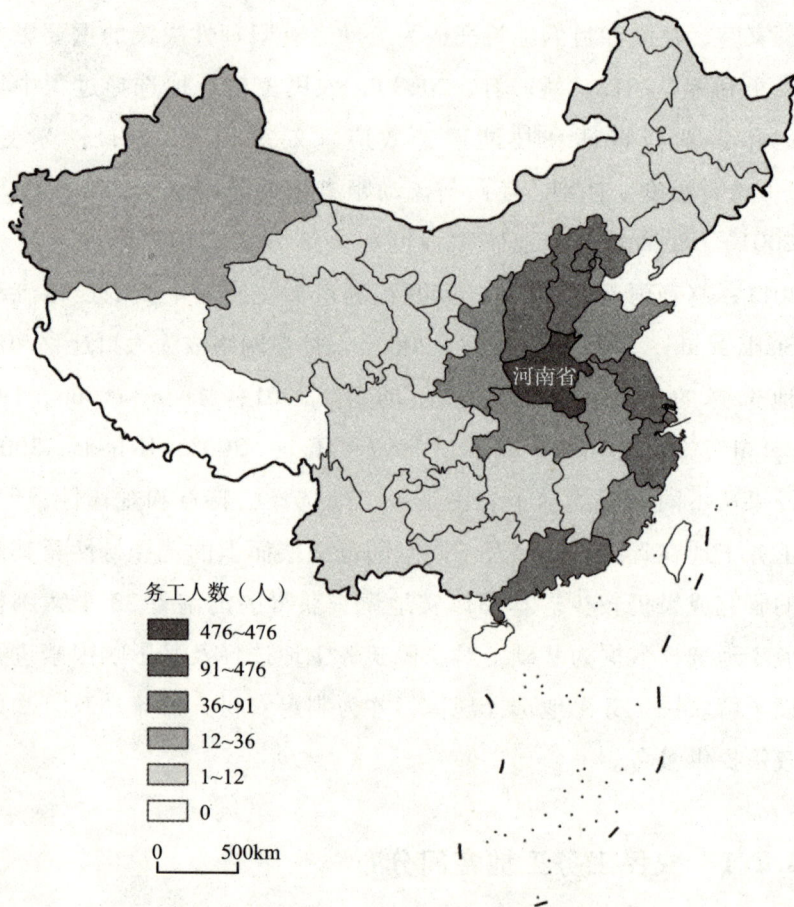

务工人数（人）

476~476
91~476
36~91
12~36
1~12
0

0   500km

图 4-4　河南省农民工务工地空间分布

务工的同时还可以兼顾家庭和农业生产，农民因外出务工而付出的社会成本最小，因而务工人数最多。广东、江苏、浙江、北京等地务工人数较多的原因主要与其发达的制造业和服务业有关，在这些地区务工具有工作机会较多且收入较高的优势。除上述外，上海、山西、河北、新疆、山东、福建、天津、湖北、陕西、安徽 10 个省市，务工人数相对较多，合计务工人员共 224 人，占外出务工人员总数的 20.53%，每个省市务工人员分布有 12 人以上，这些地区较多的原因可能是距离较近，或者是人口压力较小，或者是经济较为发达。其余省市分布的务工人员数较少，基本上在 1~7 人。西藏、海南没有务工者分布的原因可能与距离太远和无工作机会等有关。此外，有两人在越南务工、两人在新加坡务工，从事建筑业工作，是通过熟人介绍和引领而获得的。

在地理学第一定律的作用下，距离较近的邻省分布有较多的河南农民工。包括湖北、陕西、山西、河北、山东、江苏和安徽在内的 7 个邻省，共有河南省农民工 232 人，占全部外省（指除河南外的其他省级行政单元）农民工的 37.72%，平均每个邻省 33.15 人，显著高于外省农民工数量的平均值 19.84 人。农民工的邻省分布成为农民工跨省务工的重要特征，表明地理距离对人口流动在当今交通运输较为发达的情况下仍具有重要影响。此外，由于新疆相对较小的人口压力和较多的发展机会，以及历史原因（新疆是 1949 年以后河南人口迁移的传统地区之一），河南省农民工务工地在新疆也有较多的分布，表明人口流动通道效应是人口流动的重要机制。

在更大尺度的区域层面上，务工地分布的集中程度更加明显。中部地区为河南省所在区域，是务工地的主要分布地区之一，农民工数量占全部样本的 49.95%。其次为东部地区，农民工数量为 416 人，占全部样本的 38.13%。其中，主要集中于东部沿海（沪苏浙，占东部的 56.25%）、北部沿海（京津冀鲁，占东部的 29.81%）和南部沿海（粤闽琼，占东部的 28.61%）三大地区，其他东部省份极少。西部地区农民工数量很少，仅63人，占全部样本的5.75%。此外，我国经济最为活跃的长三角、珠三角和京津地区，也成为河南省农民工外出务工的重要目的地，其中，长三角（沪苏浙）分布有农民工234人，占外省农民工的38.05%，珠三角（粤）105人，占外省的17.07%，京津67人，占外省的10.89%，三者合计占到外省农民工总量的66.02%。总之，区域经济的发展水平与农民工务工地的分布密切相关。

务工距离分布较远，且较为分散。务工距离（交通距离）平均为653.77千米，最近为1千米以内，即在村庄附近，最远为3434千米，务工地位于新疆的库尔勒市，务工距离标准差为717.92。由图4-5可知，务工人数较为集中的区段为100千米以内、101~300千米、501~1200千米、1501~1800千米，其务工人数分别为420人、93人、297人和99人，分别占样本总数的38.50%、8.52%、27.22%和9.07%，四者合计占到样本总数的83.32%。整体上看，务工人数主要集中在本地和本省，以及省外经济较为发达的地区，说明家务管理、流动成本和收入最大化成为农民工选择务工地的主要机制。据样本统计，约50%的务工者分布在400千米以内，约80%的务工者分布在1200千米内，约95%分布在1800千米以内，距离对务工地的选择具有重要的影响。

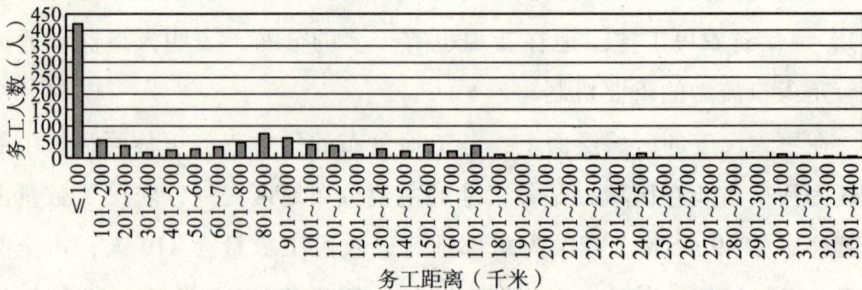

图4-5 务工距离分布

4.2.2 务工地选择影响因素分析

4.2.2.1 因子选择

农民工流动的空间过程是农民工离开常住地去往务工地的过程，现实的农民工务工地的分布是农民工流动的结果。那么，对于既定的目的地，这种流动受到了哪些因素的影响？本书认为，这些因素应当包括个体特征、家庭特征和社区特征等。

农民工的个体特征，如年龄、性别、受教育程度、婚姻等，对其选择外出务工具有重要的影响。人力资本理论认为，所有资本中最有价值的是对人本身的投资（Becker，1997），而这一投资可以由私人出于追求利益的投资行为来完成。不同的农民工个体，具有不同的人力资本特征，在由市场决定的资源配置中，作为劳动力的农民工处于一种人力资本与工作性质和收入的匹配的过程之中，个体的差异，使其对于不同的工种被用人单位录用的可能性也存在较大的差异，从而使得这一选择过程并不完全是按照务工者的个人意愿进行的。不同务工者自身内部因素的差异，很大程度上影响着务工目的地的选择。

农民工作为农民家庭的一个成员，其务工行为常受制于家庭因素的影响。农民工追求的往往是家庭收益的最大化，而非个人收益的最大化，尤其是家庭中的核心成员，因他还具有照顾家庭成员和兼顾农业的多重功能。例如，如果家中还有农田，就需要务工者在农忙时节返乡务工，而非农忙时节则在外务工，这就要求务工者近距离工作或者是在劳动时间较为灵活的地点工作。如果家中人口较多，且有老人或处于上学阶段的子女，作为家中主要劳动力的务工者就需要考虑类似因素，从而决定是就近务工抑或是不外出务工。因此，家庭特征，如拥有耕地、家庭代际数较多、有上学子女的务工者更为可能选择就近务工，以便于照顾家庭。相反，如果家中劳动力较多，会使得照顾家庭的事务较为轻松，从而务工者较为可能选择远距离高收入的地区务工。

务工人员所在村庄的特征，如经济发展状况、交通条件和地形等，作为外部因素对农民工务工地选择具有影响。一般情况下，经济发展状况良好的村庄或社区，由于附近地区有较多的就业岗位，村中人员在本地和近距离周边地区就业的可能性较大。而对于较为偏僻和地形复杂的地区，由于交通条件较为落后，不便于经济活动的进行和人们日常的出行，会在一定程度上阻碍本地经济的发展，因此，村中人员往往难以在本地就业，而是选择经济发展水平较高的远距离地区务工。村庄社区内村民之间所存在的"三缘"关系，即地缘关系、人缘关系和血缘关系，会成为多数务工者外出的主要信息来源渠道和转移渠道（董雯等，2009）。

4.2.2.2 变量设计

综合上述分析，农民工选择务工地的影响因素可分为个体因素、家庭因素、社区因素三类。其中，个体因素包含务工者的性别、年龄、受教育程度、婚姻状况等；家庭因素包含有家庭人口总量、家庭中小学生数量、家庭代际数、家中劳动力数量、家中老人数量、人均耕地面积等；社区因素包含有村庄经济发展状况、村庄所在地形条件、村庄区位等。这些影响因子的赋值和含义如表4-5所示。

表4-5 变量设计

指标	变量	赋值	含义
个体因素	性别	1 男性；0 女性	务工者本人的性别
	年龄	实际年龄（岁）	调查时务工者年龄
	教育程度	1 文盲；2 小学；3 初中；4 高中；5 中专；6 大专及以上	实际受教育水平
	婚姻状况	1 已婚；0 未婚	实际婚姻状态，无离异状态

指标	变量	赋值	含义
家庭因素	家庭人口	实际人口（人）	调查时务工者家庭实际人口数
	家庭中小学生数量	中小学生数量（人）	调查时务工者家庭实际中小学生数
	家庭劳动力数量	劳动力数量（人）	调查时家庭中男性 16~60 岁、女性 16~55 岁的健康人口数（学生除外）
	家庭老人数量	老人数量（人）	男性 60 岁以上、女性 55 岁以上人口
	家庭代际数量	代际数量（代）	务工者家庭有几代人
	人均耕地面积	人均耕地面积（亩/人）	等于家庭总耕地面积除以家庭总人口
社区因素	村庄经济水平	村民人均纯收入的自然对数	所在行政村人均纯收入的自然对数
	村庄地形	1 平原；2 丘陵；3 山区	务工者所在村地形类型
	村庄区位	距离（千米）	务工者所在村到最近县城或城市距离

4.2.2.3 模型运算结果及分析

以务工地类型为因变量，将上述 13 个自变量引入 Spss18.0 回归分析中的 Ordinal 函数进行分析，得到模型运算结果（见表 4-6）。其中，因变量务工地类型定义为，在县内为 1；市内（县外市内）为 2；省内（市外省内）为 3；省外为 4。由于务工地空间逐渐变化，因此采用 Ordinal 函数进行运算。据样本统计，务工地在县内、市内、省内、省外的务工者人数分别占总样本的 13.57%、16.04%、14.02% 和 56.37%。

表 4-6 模型运算结果

变量	估计参数	标准误	Wald 值	自由度	显著性水平	95%置信区间	
						下限	上限
性别	0.102	0.129	0.623	1	0.430	-0.151	0.355
年龄	-0.032***	0.007	21.206	1	0.000	-0.046	-0.018
教育程度	-0.265***	0.065	16.857	1	0.000	-0.392	-0.139

续表

变量	估计参数	标准误	Wald 值	自由度	显著性水平	95% 置信区间	
						下限	上限
婚姻状况	0.388**	0.178	4.760	1	0.029	0.039	0.736
家庭人口	0.001	0.071	0.000	1	0.987	-0.139	0.141
家庭中小学生数量	0.018	0.065	0.075	1	0.784	-0.109	0.144
家庭劳动力数量	0.186***	0.068	7.853	1	0.006	0.054	0.319
家庭老人数量	-0.066	0.096	0.461	1	0.497	-0.255	0.124
家庭代际数	0.091	0.155	0.342	1	0.559	-0.214	0.395
人均耕地面积	0.274***	0.091	9.094	1	0.003	0.096	0.452
村庄经济发展水平	-0.368***	0.100	13.630	1	0.000	0.173	0.563
村庄地形	-0.053	0.111	0.230	1	0.631	-0.271	0.165
村庄区位	-0.001	0.003	0.110	1	0.740	-0.007	0.005

注：①模型最终显著性水平 0.000。
②*** 表示 1% 的显著性水平；** 表示 5% 的显著性水平；* 表示 10% 的显著性水平。

由表 4 - 6 可知，务工者年龄、教育程度、婚姻状况、家庭劳动力数量、人均耕地面积、村庄经济发展水平等因子均达到显著性水平。

个体因素中，务工者年龄、教育程度、婚姻状况达到了显著性水平。务工者年龄与务工地类型显著负向相关，说明年龄越小的农民工越倾向于在更大的空间内务工，而年长者则趋向于在较小的空间范围内务工。究其原因，一方面是由于年龄较大者，家庭负担相对较重，既要抚养子女，还需照顾家中老人，因此在较小空间范围内务工的概率较大；另一方面，年龄较小者，多数向往外面的世界，同时较大空间（如省外经济发达地区）就业工资收入较高。教育程度的回归系数为负，说明受教育程度较高者在较小空间范围内务工的概率较大。这是由于具有较高教育水平的务工人员，往往在较近距离内就可以找到合适的就业岗位，因而其较远距离务工的概率就会降低。可见，农民工人力资本状况对务工地选择具有重要影响。务工者婚姻状况与务工地类型正相关，表明已婚的务工人员多倾向于在较大的空间范围内务工，而未婚人员选择在较小空间范围务工。其原因可能是，已婚人员多是夫妻双方一起外出，在同一地点务工，彼此之间相互照应，且可能有较高的收入。

家庭因素中，家庭劳动力数量、人均耕地面积达到显著性水平。家庭劳动力数量回归系数为正，表明家庭劳动力数量越多，务工者在较大空间范围内务工的概率越大，这是由于劳动力较多家庭，务工人员照顾家庭和处理家庭日常事务的负担较为轻松，从而选择较大空间高收入地区务工的概率增大。实际上，家庭成员个人决策只是家庭决策的一部分，受到家庭整体福利最大化的制约，尤其是在中国特殊的国情背景下，家务管理是影响个人空间流动决策的重要因素。同样的，家庭人均耕地面积的回归系数也为正，说明人均耕地面积越多的家庭，农民工在较大空间范围内务工的概率越大。这是由于在河南省范围内，人均耕地面积较多的地区往往是山区，而这些地区的经济发展条件相对较为落后，人们为了获得较高的收入，更倾向于选择较远地区务工，说明地形条件对务工地选择具有间接影响。

社区因素中，村庄经济发展水平的回归系数显著为负。表明村庄经济发展水平越高的地区，务工人员在较小空间范围内务工的概率越大。其原因可能是，经济发展水平较高的村庄，附近就业岗位较多，务工人员在获得收入的同时，也可以方便照顾家庭。与此相反，经济发展水平落后的村庄，周围地区乡镇企业较少，所提供的就业机会有限，农村剩余劳动力只能选择更大空间范围的远距离务工。由此可见，包括经济环境的地理环境是制约个人流动决策的重要因素。

4.2.3　结论

区域农民工的流动方向和务工地选择具有分散与集中相结合的特征，务工距离分布较远且较为分散，距离较近的邻省分布有较多的河南农民工，地带尺度上的务工地集中现象明显。距离和经济发展水平整体上决定着人口流动的基本方向。在有限理性的务工地区位决策中，不同区域具有不同认知能力和掌握不同信息的农民工，根据自己和家庭最大效用目标进行的决策，必然导致分散的务工地选择。但同时，由于对较大的目的地劳动力容量认知共象的存在，造成农民工在特定地区的集中分布。距离决定着社会网络密度和家务管理成本，经济发展水平影响着工资水平的高低和就业机会的多少，二者成为决定整体流动方向的基本因素。政府应提供给农民工更充分的就业信息和提高其本身的人力资本，使其是市场化的劳务流动中趋于最优组合，实现农民工个人价值和劳动力缺乏地区经济发展的共赢。

影响农民工务工地选择的显著因子为务工者年龄、教育程度、婚姻状况、家庭劳动力数量、人均耕地面积、村庄经济发展水平等。年龄较小者、教育程度较低者、已婚者选择在较大空间范围内务工的概率较大，反之亦然。家庭劳动力数量较多者、家庭人均耕地面积较大者选择在较大空间范围内务工的概率较大，而相反者选择在较小空间范围内务工的概率较大。村庄经济发展水平较低的农民工选择较大空间范围务工的可能性较大，而发展水平较高的农民工往往选择在较小空间范围内务工。家务管理是务工地选择的重要机制，较近的省内务工地是务工者的首选。政府应当大力发展地方经济，实现农民工本地就业，从而达到提高经济收入与家务管理的有机结合。

4.3 农民工务工地非稳定性研究

劳动力市场中的就业稳定性与非稳定性问题一直是西方成熟市场经济国家理论界和政策制定者关注的重要问题（孟凡强、吴江，2013），因为就业稳定性直接影响到劳动者的收入水平、企业的竞争力和区域经济发展及社会的稳定。我国自改革开放以来，农村劳动力转移就业发展迅速，2013 年全国外出农民工达 1.66 亿人（国家统计局，2014b），外出务工成为农民增收的重要手段。同年，全国农民工资性收入首次超过家庭经营纯收入，成为农民家庭收入的最大来源（中国社会科学院农村发展研究所、国家统计局农村社会经济调查司，2014）。但务工工资性收入与就业稳定性有关，特别是对低收入人群（罗楚亮，2008），而农民工大多属于低收入群体，因此农民工就业非稳定性引起了学者们的关注，并成为研究热点。

国外相关的研究，主要集中于就业非稳定性变化趋势、成因、效应等方面。整体上发达国家的就业非稳定性呈现出上升的趋势（Bergmann & Mertens，2011），但也有反对的声音。（Rokkanen & Uusitalo，2013）。同时，不同国家由于经济发展水平不同，文化背景各异，其就业非稳定性变化趋势存在差异。就业非稳定性变化是社会经济环境变化的结果，受到技术水平（Panos et al.，2014）、劳动力市场政策（Giannelli et al.，2012）、全球化（Alessia et al.，2013）等因素的影响，在很大程度上是由经济的总体情况和企业发展动态以及他们创造就业机会的潜力决定的（Dütsch & Struck，2014）。性别、年龄、工作安全感等个人因素影响劳动力的就业非稳定性（Looze，2014；Brochu，2013）。就业非稳定性的上升，使劳动者收入下降（Gius，2014），社会保障弱化（Nordström et al.，2014）。劳动者自身通过增加流动来增加收入（Lehmer & Ludsteck，2011），在流动过程中非正式网络起了较大作用（Fountain & Stovel，2014）。

国内对农民工的研究主要集中于就业非稳定性的变动趋势与特征、影响因素、工资效应等方面。普遍认为，农民工就业具有高流动性和低稳定性（孟凡强，吴江，2013；Knight & Yueh，2004；白南生，李靖，2008），低稳定性与性别、年龄、教育水平、务工时间、求职方式等个人特征和职业、行业、工资收入、就业单位所有制形式等外界经济因素有关（陈昭玖等，2011），且影响因素呈现出多元化的趋势（白南生，李靖，2008；张建武等，2012）。农民工就业流动是理性选择的结果

（张建武等，2012；杨慧敏等，2014），非正式网络在流动中作用显著
（高更和，李小建，2008；张文新，朱良，2004），流动是"用脚投票"
实现利益诉求的主要途径（孟凡强，吴江，2013），流动润滑了工资机
制（白南生，李靖，2008），提高了收入。

就业流动性可分为"换单位流动"和"换地区流动"两个维度
（梁雄军等，2007），就业非稳定性也可以从就业单位非稳定性和就业地
区非稳定性两方面进行研究，但以上研究绝大多数属于前者，而对后者
研究很少。而实际上，务工地非稳定性也是农民工空间流动的重要表现
形式。就业地区非稳定性从空间角度认识就业非稳定性，克服了就业单
位非稳定性研究中忽视空间作用分析的缺陷。本书以本课题调研取得的
1091 份问卷数据为基础，对农民工就业地区非稳定性即务工地非稳定性
进行研究，以了解务工地动态空间演变规律，为相关研究和政策制定提
供参考。

4.3.1　研究方法

4.3.1.1　务工地变动频率

农民工务工地非稳定性可以通过务工地变动频率来衡量。务工地变
动频率是指单位时间内（年）务工地的变动次数。这里，务工地定义为
农村县级行政单位（含县级）、城市区级行政单位以上（不含区），即
如果务工地发生了上述行政单位之间及以上的变动，则认为是发生了务
工地的变动。如果仅是在县级行政单元内部（农村）和城市内部各区的
流动，尽管也可能变动了具体的工作地点，但不属于务工地变动次数的
统计范畴。考虑到农民工对务工地变动的准确判断，我们在问卷中主要
设计了"5 年内务工地点数量，并列举出这些地点"问题，因为 5 年以
前的事情，农民工可能出现记忆淡化。此外问卷中还设计了与该题密切

相关的"务工年限"和"5 年内务工企业数量"一题。与此类似，我们还设计了"务工企业变动频率"指标，它是指单位时间内（年）务工企业变动的次数。

4.3.1.2　务工地企业区域黏性指数

从务工地和务工企业数量之间的关系角度，也可以分析农民工的区域非稳定性和空间流动性。一般来说，务工地的变动必然导致务工企业的变动（少数企业例外），但务工企业的变动也可在同一务工地进行，因此可以用务工企业区域黏性指数来刻画特定地区对务工者的引力大小。这里，我们将其定义为平均每个务工地的务工企业数量（本书研究范围界定为最近 5 年内）。如果务工者通过不断的区域变化去实现自己收入的合理化，说明特定区域对务工者的引力较小，相反，如果务工企业变动是在同一地区进行，则说明该区域对务工者有较大的影响力和吸引力。

4.3.1.3　二元 Logistic 模型

二元 Logistic 回归模型是一种典型的对数线性模型，通过回归拟合解释变量与事件发生概率之间的非线性关系，被广泛应用于分析不同解释变量取值组合呈现状态的概率，以及在一定条件下事件发生与否的概率（杨小平，2009）。

记 $X = (X_1, X_2, \cdots, X_{P-1})^T$ 表示影响事件 A 发生概率的因素，$P(x)$ 表示事件 A 发生的概率。设 F 为线性函数 $F(X_1, X_2, \cdots, X_{P-1}) = \beta_0 + \beta_1 X_1 + \cdots + \beta_{P-1} X_{P-1}$，则：

$$P(x) = \frac{\exp(\beta_0 + \sum_{k=1}^{p-1} \beta_k X_k)}{1 + \exp(\beta_0 + \sum_{k=1}^{p-1} \beta_k X_k)} \qquad (4-1)$$

式（4-1）称为二元 logistic 回归模型，由此可直接计算事件 A 发生的概率，模型中的系数采用极大似然参数估计迭代计算。

4.3.2 务工地非稳定性特征分析

4.3.2.1 务工地变动频率

农民工务工地非稳定性较强，且行业之间存在较大差异。据对数据的汇总和分析，农民工务工地平均变动频率为 0.70 次/年，这意味着平均每隔 17.14 个月，农民工将变动一次务工地，而根据孟凡强等对中国综合社会调查数据的分析，2000~2008 年我国工人的平均任职年限为 62.4 个月（孟凡强，吴江，2013），可见农民工的职业流动十分频繁。从变动频率的分布情况看，变动频率为 0.2 的务工者只有 243 人，占总务工者的 22.29%（见图 4-6），即只有不到 1/4 的务工者 5 年来只在一个地方务工。绝大多数的务工者都处于不断的务工地变动之中。约 60%（59.33%）的务工者务工地变动频率在 0.6 以内，约 90%（90.12%）的务工者的务工地变动频率在 1.2 以下。另外，有极少数的农民工务工地变动十分频繁，大多为建筑工人或从事装修装潢、物流业等行业的农民工。实际上，不同行业之间的务工地变动频率存在较大差异，最显著的差异表现在建筑业和非建筑业之间，建筑业普工由于入门门槛低、用工量大及建筑周期较短等原因，其务工地变动频率高于其他行业。据调查，建筑业务工地变动频率为 0.95，而非建筑业仅为 0.65。

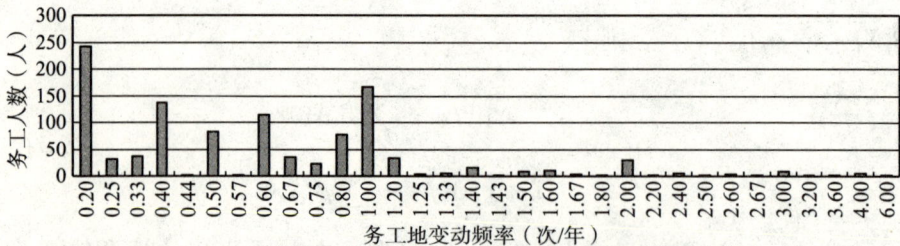

图 4-6　务工人数与务工地变动频率的关系

4.3.2.2 务工企业变动频率

与务工地低稳定性相联系，务工企业也表现出较高的非稳定性。除了连锁经营企业和部分建筑企业外，务工地点的变动意味着务工企业的变动。根据农民工务工企业变动频率情况，我们可以把务工企业变动分为四种类型，第一种为稳定型，年均务工企业数量为 0.2 及以下，即 5 年内没有变换企业，第二种为基本稳定型，年均务工企业数量为（0.2，0.5），第三种为不稳定型，年均务工企业数量为（0.5，2.0），第四种为极不稳定型，其值为 2.0 以上。由表 4 - 7 可知，无论是在非建筑业还是在建筑业，稳定型的比例均较小，占 15% 左右。基本稳定型中非建筑业所占比例远高于建筑业，不稳定型中建筑业比非建筑业略高，而极不稳定型中，建筑业远高于非建筑业。总体来看，稳定型和基本稳定型所占比例不大，非稳定型（不稳定型和极不稳定型）占较大比重，其中建筑业比非建筑业尤甚。

表 4 - 7　　　　　　　　　各务工企业变动类型的人数及比例

类型	全体		非建筑业		建筑业	
	人数（人）	比例（%）	人数（人）	比例（%）	人数（人）	比例（%）
稳定型	172	15.77	147	15.96	25	14.71
基本稳定型	194	17.78	176	19.11	19	11.18
不稳定型	681	62.42	570	61.89	110	64.71
极不稳定型	44	4.03	28	3.04	16	9.41

4.3.2.3 务工地企业区域黏性指数

务工地企业区域黏性指数较小，表明农民工区域流动性较大，非稳定性较强。根据对调研数据的分析，全体样本平均务工地企业区域黏性指数为 1.42，如果剔除建筑业较高的黏性指数，那么非建筑业务工者（样本数量占 89.61%）企业区域黏性指数为 1.30，即平均而言，非建筑业务工者在一个务工地只能工作约 1.30 个企业，区域流动（而非同一区域内的企业流动）是农民工流动的基本特征。建筑业由于农民工流动性较强，因而企业区域黏性指数相对较大，为 2.21，但如果考虑到务工地变动频率，从事建筑业的农民工的区域非稳定性仍然是很大的。

4.3.3　影响因素分析

4.3.3.1　变量选择

被解释变量务工地非稳定性主要考虑务工地变动频率指标，定义非稳定性为 1，稳定性为 0，当 5 年内务工地仅 1 处时，即务工地变动频率为 0.2 及以下时为稳定，否则为非稳定。在空间上，农民工的务工行为是从其所居住的村庄流动到务工地从事非农活动，如果在务工地的工资收入、工作状态和生活状态处于满意或比较满意的程度，农民工就会一直在该地务工，否则就会考虑变动务工地或回流到原来的村庄。因此，务工行为的空间终端因素，即村庄因素和务工地因素将影响务工行为过程的形成、持续和终结。

农民工所在的村庄社区，是农民工务工决策的基础参考系统，当外出务工的收益适度高于在村庄及其周围地区可能获得的收益后，务工行为才能够形成并得以延续，因此，村庄经济发展水平、地形、区位等与经济有关的直接或间接因素将影响务工过程的稳定性，村庄务工人员比重作为衡量村庄劳务经济发展水平的指标，在很大程度上标志着务工行为的普遍性和持续性，也影响着个人的务工决策。

务工地因素则直接影响着务工者的收入、工作环境、生活环境及社会地位，决定着对务工行为满意度的判断。不同的行业类型对劳动者的人力资本有不同的要求，也产生着不同的工资性收益，不同行业内的农民工所获得社会地位也不相同。务工地城镇级别影响着工作机会、工资性收入及生活成本，对务工行为决策也有重要影响。工作车间的环境污染程度直接影响务工者的身体健康和心理感受，工资收入水平则更是直接影响着对务工目标的总体判断。

性别、年龄、婚姻状况和教育程度等个体因素直接影响着对务工行为满意度的判断。不同人的不同生理、文化、社会特征和人力资本特征，使其获取信息途径、对待风险的态度、对自己行为目标值也具有不同的预期，因此，其所具有的不同心理特征和行为特征，将影响对务工地满意度的判断，进而影响其空间稳定性。

作为农户家庭中的成员，农民工的行为还受到家庭的影响。家庭经济学认为，家庭成员在家庭经济生活中具有分工效应，其所追求的是家庭收益的最大化而非个人受益的最大化，家庭所拥有的耕地数量通过对家庭总收入及农户生计的影响而对务工决策也将产生一定的作用。从社会学角度考虑，务工者作为主要的劳动力，具有照顾其他成员的义务和责任，务家因素（如照顾子女、赡养老人等）对务工稳定性决策具有重要影响。

综上所述，这些影响务工地非稳定性流动行为决策的因素概括起来，主要包括个体因素、家庭因素、村庄因素、务工地因素等，各因素所包含的变量及含义见表 4 - 8。

表 4 - 8　　　　　　　　　　解释变量的赋值和含义

指标	变量	赋值	含义
个体因素	性别	1 女性；0 男性	务工者的性别
	年龄	实际年龄（岁）	调查时务工者年龄
	婚姻状况	1 未婚；0 已婚	调查时务工者婚姻状况
	受教育年限	实际值（年）	务工者实际受教育年限

指标	变量	赋值	含义
家庭因素	学生数量占比	学生总数占家庭总人口比重（%）	务工者家庭中，学生数（包括中小学生数和大中专学生数）占家庭总人口的比重
	幼儿数量占比	幼儿数占家庭总人口的比重（%）	务工者家庭中，7岁以下幼儿数量占家庭总人口的比重
	劳动力数量占比	劳动力数量占家庭总人口比重（%）	务工者家庭中，男性16～60岁、女性16～55岁的人口数占家庭总人口的比重
	老人数量占比	老人数量占家庭总人口的比重（%）	务工者家庭中，男性60岁以上、女性55岁以上的人口数占家庭总人口的比重
	耕地状况	家庭耕地总面积的自然对数	务工者家庭拥有实际耕地总面积的自然对数
村庄因素	村庄经济发展水平	村民年人均纯收入自然对数	所在村庄年人均纯收入的自然对数
	务工人员比重	实际值（%）	务工人员在村庄总人口中所占的比重
	村庄地形	1平原；2丘陵；3山区	务工者所在村地形类型（崎岖度分类）
	村庄区位	距离的自然对数	所在村庄到最近县城或城市距离的自然对数
务工地因素	务工行业类型	1差；2较差；3一般；4较好；5好	务工者所从事行业的分类赋值*
	务工环境	1没有；2较轻；3中度；4较重；5严重	务工者所在企业工作环境的污染程度（自诉）
	工资收入水平	1低；2较低；3中等；4较高；5高	务工者平均每月全部收入数量等间距分类，每类收入所占比例为20%
	务工地城镇级别	1城区；2县城；3农村中的镇；4农村中的乡村	务工者所在企业或工厂的区域位置

注：*为便于模型分析，将务工者所从事行业按照社会地位、劳动强度、收入等进行分类并赋值。其中，1主要包括清洁工、钟点工等；2主要包括建筑工人、工厂普工等；3主要包括售货员、工厂技工等；4主要包括厨师、司机等；5主要包括个体经商者等。

4.3.3.2　模型与运算结果分析

将影响务工地非稳定性的上述 17 个变量引入 SPSS 18.0 二元 Logistic 模型中，可得到各个解释变量的估计参数（见表 4-9）。模型通过相关检验且达到显著性水平。模型中，性别、年龄、老人数量占比、耕地面积、村庄经济发展水平、村庄区位、务工行业类型、工资收入水平 8 个变量达到显著性水平。

表 4-9　　　　　　　　　　　模型运算结果

指标	变量	回归系数	标准误差	Wald 检验	Sig.	期望值
个体因素	截距项	-0.924	1.198	0.595	0.441	0.397
	性别	-0.751	0.144	27.338	0.000	0.472
	年龄	-0.021	0.008	6.362	0.012	0.980
	婚姻状况	-0.206	0.207	0.989	0.320	0.814
	受教育年限	-0.030	0.029	1.088	0.297	0.970
家庭因素	学生数量占比	-0.252	0.298	0.713	0.398	0.777
	幼儿数量占比	0.495	0.546	0.822	0.365	1.641
	劳动力数量占比	0.130	0.353	0.135	0.714	1.138
	老人数量占比	0.876	0.478	3.358	0.067	2.402
	耕地面积	0.219	0.099	4.860	0.027	1.245
村庄因素	村庄经济发展水平	0.418	0.119	12.255	0.000	1.519
	务工人员比重	0.084	0.329	0.065	0.798	1.088
	村庄地形	-0.102	0.127	0.635	0.426	0.903
	村庄区位	-0.137	0.064	4.515	0.034	0.872
务工地因素	务工行业类型	-0.477	0.136	12.276	0.000	0.621
	务工环境	-0.064	0.070	0.840	0.359	0.938
	工资收入水平	0.324	0.119	7.378	0.007	1.382
	务工地城镇级别	-0.008	0.080	0.010	0.921	0.992

注：模型系数的综合检验 $\chi^2 = 77.443$，Sig. $= 0.000$。

个体因素中，农民工的性别、年龄达到显著性水平，说明性别和年龄对农民工务工地非稳定性影响显著。其中，务工者性别的回归系数为负，说明女性的务工地更趋于稳定，男性务工地非稳定性高于女性。可能的原因是多数女性对工作状态的期望值较低，对现状的满意认知度较高，而男性则相反。务工者年龄的回归系数也为负，说明年龄越大的务工者，其务工地越趋向于稳定。相对于年轻人而言，年长者的家庭责任心较重，冒险意识稍弱，稳定就业可以带来稳定收入，同时，年龄较大的务工者，多数长期在外务工，积累了较多的经验并对务工地进行了筛选，因此往往固定于同一地点，就业相对稳定。与此相反，年龄较小的务工者，对外面的环境充满好奇，对工资收入和工作环境有较高的期望，且常常进行横向比较，因此更倾向于通过频繁更换务工地来满足自身诉求，从而使其务工地非稳定性较大。

家庭因素中，老人数量占比、耕地面积两个变量达到显著性水平，且回归系数均为正，说明老人数量占比、耕地面积越大的务工者，其务工地非稳定性增加，而稳定性降低。老人数量较多的家庭，务工者往往需要分散精力去照顾老人和处理家庭事务，常常选择短时务工或邻近务工，如钟点工等，从而非稳定就业的可能性较大，务工地变动趋于频繁。耕地面积较多的家庭，务工者为兼顾农业发展，多是季节性外出务工，即农忙时节在家务农，农闲时节外出务工以贴补家用，从而使得他们的务工地点往往并不固定，而是选择门槛较低、人员流动性较大、务工时限灵活的务工机会。实际上，家务管理是务工者的重要社会职能之一，务工者不可能脱离家庭而单纯为了务工而增加收入，赡养老人、农作物耕作等务家行为对务工地稳定性产生重要影响。另据调查统计，在导致农民工最近一次务工地流动的主诉原因中，家务管理方面的原因占比为17.84%，说明家务管理在农民工务工行为决策中占有重要地位。村庄因素中，村庄经济发展水平、村庄区位两个变量达到显著性水平，说明村庄经济发展水平和村庄区位对农民工务工地非稳定性影响显著。其中，村庄经济发展水平的回归系数为正，表明务工者所在村庄的经济发展水平越高，务工者的务工地非稳定性越大。其原因可能是，经济发展状况较好的地区，乡镇企业相对较多，就业岗位充裕，农民工就业机会较多。然而，无论是人力资本理论，抑或是有限理性选择理论，都暗含着一个假定：迁移者是追求效用最大化的行为人。因此，为追求收入最大化，这些务工者更可能成为非稳定就业者，务工地变动趋于频繁。而村庄经济发展水平较低的地区，农民工外出务工的收入所得很可能是家庭收入的主要来源，且相对而言务工地选择余地较小，他们更倾向于稳定就业和取得稳定的收入，因而务工地较为稳定。村庄区位与务工者的就业非稳定性显著负向相关，这表明务工者所在村庄到最近县城或城市的距离越远，务工者非稳定性就业的可能性越小，这是由于距离较远的地区，其交通运输网络相对落后，该地区的社会经济发展也会相对落后，务工者为增加家庭收入，对稳定性就业的期望相对较高。

务工地因素中，务工行业类型和工资收入水平达到了显著性水平。其中，务工者所从事行业的技术成分越高、社会地位越高、工资收入越高，务工地就越加稳定，如工厂技工、个体经商者等，否则，务工地将趋于不稳定。据调查，导致农民工变换务工地的主诉原因中，与务工行业类型相关的占比为 17.45%。在工资收入方面，务工者工资收入水平越高，其非稳定性就业的可能性越高，务工地稳定性降低。可能的原因是，务工者较高的工资水平是通过不断的务工地变换而取得的，即当务工者认识到工资收入较低时，他可能做出务工地变换的决策，从而在新的务工地就业而取得较高的工资收入，否则就只能取得较低的工资收入。也就是说，务工地低稳定性与高工资收入相对应，而务工地高稳定性与较低的收入相联系。实际上，农民工外出的主要目的是增加收入，对收入的不满意是其离开原务工地的主要原因，在调查中，对收入不满意占主诉原因的比例高达 32.81%。另外，工资收入较高的地区，由于消费水平较高，生活压力较大，农民工取得的实际收入（收入减去开支）并不高，也可能造成务工地的变动和非稳定性增加。

综上所述，务工者为男性，年龄较小，老人数量占比较大、耕地面积较大的农民工务工地的非稳定性较高，经济发展水平较高村庄的农民工务工地非稳定性概率较大，务工者所从事行业类型、工资收入水平等也与务工地非稳定性密切相关。实际上，农民工务工地是否流动和是否稳定，是农民工对自身务工行为决策的综合判断，是理性的，受到个人、家庭、村庄、务工地等多种因素的影响。务工地行为决策中，农民工不仅要考虑经济因素，而且还要考虑非经济因素；不仅要考虑自身因素，更要考虑家庭因素；不仅要考虑现状，而且要考虑今后职业发展。当然，由于农民工个体对环境认知的有限性和信息的不对称，这种理性是一种有限理性。

4.3.4　结论

农民工务工地非稳定性较大，且行业之间存在较大差异，尤其是在建筑业和非建筑业之间。务工企业也表现出较高的非稳定性，在务工企业变动的 4 种类型中，稳定和基本稳定所占比例较小。务工地企业区域黏性指数较小，区域流动成为农民工流动的基本特征，务工者通过不断的区域变换去实现自己收入的合理化和最大化。影响农民工务工地非稳定性的显著性因子主要是务工者性别、年龄、老人数量占比、耕地面积、村庄经济发展水平、村庄区位、务工行业类型、工资收入水平等。务工者为男性、年龄较小、老人数量占比较大、耕地面积较多、村庄经济发展水平较高、务工行业类型相对较差、工资收入水平相对较高的农民工，其务工地非稳定性的概率较大，反之亦然。农民工务工地是否稳定和是否流动，是农民工对自身务工行为决策的综合判断，是理性的，受到个人、家庭、村庄、务工地等多种经济和非经济因素、主观和客观因素的影响。

4.4　农民工初终务工地空间变动研究

改革开放以来的大规模劳动力迁移流动现象，对我国的经济社会结构产生了极大的影响（王超恩、符平，2013）。据调查统计，2013年全国农民工达2.69亿人，其中外出农民工1.66亿人（国家统计局，2013），形成了规模巨大的农民工流动。在流动过程中，农民工不断更换目的地，形成务工地的空间变动。临时性和不稳定性是农民工工作的显著特征，流动次数对新生代农民工的个人发展具有重要意义（符平，唐有财，2009），劳动力在城乡间往复式循环流动，是中国特有的户籍制度以及其他配额制度的产物（余驰、石智雷，2011），农民工主要流入城市的次级劳动力市场，"弱市场"关系下的"强关系"网络是其职业流动的主要决策方式（王昆仑，2012），职业流动频率随年龄变化呈现出倒"U"形流动轨迹的特征，人力资本对职业流动的具有重要影响（王超恩、符平，2013），城乡身份分割是农民工频繁变换工作的关键因素（张春泥，2011），性别、文化程度、进城工作年限及流动经历是决定农民工实现流动的主要因素（符平等，2012）。流动的农民工群体主要集中在适当的年龄段和一定的上学年限区间（Willmore et al.，2012）。在流动距离上，农民工主要流入本地或距离较远的沿海发达地区城市的劳动力市场（高更和等，2012），空间距离对省际人口迁移发生概率起着"障碍"作用（段成荣，2001；Poston & Zhang，2008），风险厌恶者，往往选择短距离流动。教育程度、性别、年龄对流动距离有重要影响（李强，2003；杨肖丽、景再方，2010），流动距离也与农民工职业类型有关（杨肖丽、景再方，2010）在国外，近些年来循环流动越来越成为学界的关注焦点和热门话题（Constant & Zimmermann，2011；Mansoor et al.，2012），被广泛认为是对输出国、东道国和移民本身都具有可能的利益（"三赢"）（Wickramasekara，2014），性别、教育程度、年龄、子女数量等个人特征影响流动群体的数量（Constant & Zimmermann，2011；Vadean & Piracha，2010；Hu et al.，2011），土地数量和土地所有权等影响循环流动决策（Hu et al.，2011；Vanwey，2003），母国的家庭和社会联系、东道国的工作机会和语言适应影响流动者的去留（Constant & Zimmermann，2012），流动性与人口密度正相关，与距离负相关（Aldashev & Dietz，2014），重力模型对循环流动具有高解释力（Lewer & Van den Berg，2008），母国和东道国间工资差异变大，最佳迁移时长下降（Dustmann，2003），较高的目的地工资预期收入及在原地的相对剥夺导致了循环流动（Jagger et al.，2014）。上述研究给本书以重要启迪，但多以静态分析为主，很少涉及农民工务工地空间变动的动态演变，而此类研究有助于理解农民工空间流动的动态规律性。本书基于田野调查获取的 1091 份问卷数据，对农民工初终务工地（初次务工地和调查时最终务工地的简称）空间变动进行研究，为相关研究和政策制定提供参考。

4.4.1　研究方法与变量设计

4.4.1.1　研究方法

本研究采用以初次务工地为基础的对比方法。该方法将调查时的务工目的地视为农民工从开始务工到调查时该周期内的最终务工地，通过对比初次务工地和最终务工地的不同，来分析务工地的变动情况。农民工的务工行为在空间上是以家乡村庄为中心，在不同时期来往于不同务工目的地空间飘荡行为，如果第二次及以后的务工地不同于初次务工地，则务工地发生了变动，如果以后的务工地和初次相同，则认为务工地稳定。本书主要考察初次务工地和最终务工地之间的空间变动，而不考察中间变动过程。对比的内容主要包括务工地距离、务工地行政空间类型等。务工地距离是指务工者所在村庄到务工地的交通距离，一般以村庄到周围中心城市的公路距离加上从中心城市到务工地所在地中心城市的铁路距离，再加上该中心城市到务工地的公路距离（如无则不加）。务工地行政空间类型是按照务工地所在位置，对务工地的空间划分，具

88

体包括本县（在本县行政范围内务工）、本市（县外市内）、本省（市外省内）和外省等。

本书采用二元 Logistic 模型进行影响因素的分析。该模型是一种典型的对数线性模型，通过回归拟合解释变量与事件发生概率之间的非线性关系，被广泛应用于分析不同解释变量取值组合呈现状态的概率，以及在一定条件下事件发生与否的概率（杨小平，2009）。

4.4.1.2　变量设计

农民工初终务工地的变化是农民工对务工地选择的结果，虽然务工地变动的直接原因是对收入和劳动强度的不满意、家务管理的需要和企业终止提供工作岗位等，但其背后却是多种因素综合作用的结果。这些因素概括起来，可分为务工因素、个人因素、家庭因素、村庄因素 4 类。首先是务工因素，包括务工时间的长短、初次务工距离的大小、初次务工的工种和务工地点数量等。一般而言，农民工的务工行为方式具有较大的惯性，当外界变量导致的结果超过农民工的预期时，务工地的变动将要发生，否则将不会改变务工地。务工时间的长短影响其经验积累，初次务工的工种反映了个体的人力资本水平，这些因素均影响对务工地的选择和判断。务工地点数量则是农民工务工地变换的直接表现。其次是个人因素，包括务工者本人的性别、年龄、婚姻状况、受教育水平等。不同的个人自然特征和社会特征，尤其是人力资本特征，对其行为方式具有重要影响，人的行为方式是建立在个人特征基础之上的，农民工对务工地的选择行为也是如此。再次是家庭因素，主要包括家庭人口规模、抚养比、耕地数量、家庭在村庄所处的经济地位等。家庭经济学认为，个人只是家庭的成员之一，在家庭中具有不同的社会分工，个人追求的往往是家庭收益的最大化而非个人收益的最大化，家庭中的成员同时具有务家的基本功能，因此家庭特征对农民工务工地的选择和变迁具有重要影响。最后是村庄因素，包括农民工所居住村庄和所在地区的经济发展水平、城郊区位条件、地形和村庄务工人员比重等。村庄社区作为农民工个体所在的主要环境对其经济行为方式具有重要的影响，地形、区位直接影响经济发展水平，而经济发展水平决定着就业水平，务工人员比重反映村庄劳动力状况和就业水平，劳动力状况影响着对务工地的选择。综合上面的分析，本书选择4类16个因子进行模型分析（见表4-10）。

表4-10　　　　　　　　　　解释变量的赋值和含义

指标	变量	赋值	含义
务工因素	务工年限	实际值（年）	初次务工开始年份到调查时的年限
	初次务工距离	实际值（km）	初次务工地到村庄的交通距离
	初次务工工种	1 一类；2 二类；3 三类；4 四类；5 五类	按照社会地位、经济收入、劳动强度、工作环境对务工者从事行业的大致分类[①]
	务工地点数量	实际值（个）	初次务工开始到调查时务工地点总数量
个人因素	性别	1 男性；0 女性	务工者的性别
	年龄	实际值（岁）	调查时务工者的年龄
	婚姻状况	1 已婚；0 未婚	调查时务工者的婚姻状况，离异归属于已婚类（样本很少）
	教育程度	上学年限（年）	务工者接受学校教育的年限
家庭因素	家庭人口规模	家庭总人口（人）	调查时务工者家庭实际人口数
	家庭抚养比	实际值	家庭中平均每个劳动力所分摊的被抚养人口数量
	家庭耕地面积	实际值（亩[②]）	调查时该家庭承包耕地总面积
	家庭经济地位	1 好；2 较好；3 中等，4 较差；5 很差	农户家庭在本行政村的经济地位等级
村庄因素	村经济发展水平	1 低；2 中；3 高	农民人均纯收入分级，≤5000 元，低；5001～8000 元，中；≥8001 元，高
	村地形	1 平原；2 丘陵；3 山区	务工者所在村庄地形分类（崎岖度分类）

指标	变量	赋值	含义
村庄因素	村区位	1 近郊；2 中郊；3 远郊	按照村庄到最近县城或城市距离的分类
	村务工人员比重	实际值（%）	村庄中务工人员占全部人口的百分比

注：①其中，1 主要包括清洁工、钟点工等；2 主要包括建筑工人、工厂普工等；3 主要包括售货员、工厂技工等；4 主要包括厨师、司机等；5 主要包括个体经商者等。

②1 亩等于 0. 0667 公顷。

受篇幅的限制，被解释变量定义为农民工初终务工地距离变化，即初次务工地距离减去最终务工地距离，若前者小于后者，即距离变远为 1，否则为 0。因被解释变量为二值变量，因此采用 Binary Logistic Regression 进行分析，具体操作时在 Spss20.0 调用该命令即可。

4.4.2　结果分析

4.4.2.1　农民工初终务工地空间变动特征

（1）务工地转换频率

农民工务工地变动十分频繁。据调查统计，2008 年 2 月到 2013 年 2 月的 5 年间，农民工平均每人变动务工地点数量为 2.83 个，变动务工企业数量 3.36 个。其中，一半以上（51.05%）的农民工平均每年务工地数量在 0.6 及以上，七成以上（71.22%）的农民工在 0.4 及以上，仅 20.02% 的农民工平均务工地数量在 0.2（即 5 年间只在一个地点工作）。这些数据和我国国有企业职工及事业单位职工多年只在一个地点或一个机构工作比较，显然是巨大的，说明在空间上农民工处于频繁的变动之中。由于农民工自身人力资本的限制和长期的户口制度的原因，他们在城市中主要进入次级劳动力市场，所从事的工作多为临时性的体力性工作，因此具有很大的流动性，这种流动不仅表现在务工企业上，也同时表现在地域上，且以地域流动为主，平均每个务工地的务工企业数量仅为 1.19 个。

务工地变动频率在性别之间存在明显差异。据调查统计，5 年来平均务工地点数量男性为 3.31 个，而女性为 1.89 个，男性较女性多出75.45%。5 年来务工企业数量男性平均为 3.85 个，而女性为 2.27 个，男性是女性的 1.69 倍。5 年来男性平均每年务工地点数量为 0.66 个，而女性为 0.38 个，这意味着男性平均每 18.14 个月更换一次务工地，而女性为 31.83 个月。男女之间的这种差别可能来源于男女之间的体力差异、性格差异及社会角色定位的差异。一般而言，男性体力较好，富有冒险精神，在家庭经济收入贡献中常居主导地位，且由于务工地变换而导致的风险较小，因此更倾向于寻找更高工资的务工地，务工地更换频率较高。而女性体力较差，性格上更趋于保守和求稳，务工地变换的风险相对较大，因而无论是务工地点变动或是务工企业变动均较小。

（2）务工地距离变化

至调查时，在农民工全部务工史中，初终务工地距离多数发生了显著的改变。在调查的 1091 个农民工样本中，务工距离变近者 373 例，占总样本的 34.19%，务工距离变远者 359 例，占比为 32.91%。以上务工地距离显著变化者累计占比为 67.1%，其余为距离基本未变或根本没有变化者，其中，基本未变者占比 16.22%，仅一个务工地者占比16.68%。总体来看，多数务工者的务工距离发生了显著改变，意味着务工地发生了显著改变。在空间上，农民工的务工行为实际上是以家乡村落为中心的空间飘荡行为，每一个务工地仅仅是其流动中的一个锚点，当然，这种飘荡并不是随机的，而是根据其自身需求和经验及所拥有的社会资本，在空间上搜寻的结果，每一次空间变动都是以前期空间流动为基础的，从这个意义上看，务工地的变动实际上具有进化性，即从农民工自身价值判断，后一次较上一次都具有趋好性。务工距离的变化在不同的务工年限区间具有不同的特征。整体上，在较少的务工年限段呈现出弱趋近性，而在较多的务工年限段具有弱趋远性（见图 4-7）。在务工年限 1~5 年区段，务工距离变近的人数为 163 人，占该区段总务工者的 34.39%，而距离变远的人数为 123 人，占比为 25.95%，前者较后者高出 8.44%，表现出较弱的趋近性。同时该区段中的务工距离基本未变者（务工距离变动在 10% 以内的人）为 74 人，占比较小，为 15.61%。另外，务工地仅一地的务工者 114 人，占比为 24.05%，此类占比较大的原因主要与务工年限较短有关，其中有些人员务工年限不到 1 年，另外，近些年来河南省经济发展所致的工作岗位增多也使其务工地距离开始减小。如将后者合并为务工距离基本未变者，那么其所占比重为 39.66%，高于距离变近者，也高于距离变远者，说明本地经济的发展对农民工的流动和务工地的变迁产生了重要影响。在务工年限 6~10 年区段，基本表现出和 1~5 年区段相似的特点，即具有弱趋近性。另外，16~20 年区段、21~25 年区段同样也是变近者多于变远者。而在 26~30 年区段以上，距离变化趋势出现相反的趋势，即变远者数量略高于变近者数量，这可能是随着务工年限的增加和务工经验的积累，这些务工者对距离较远的地区有较多的了解从而选择在这些地区务工所致，即受到流动惯性的影响。

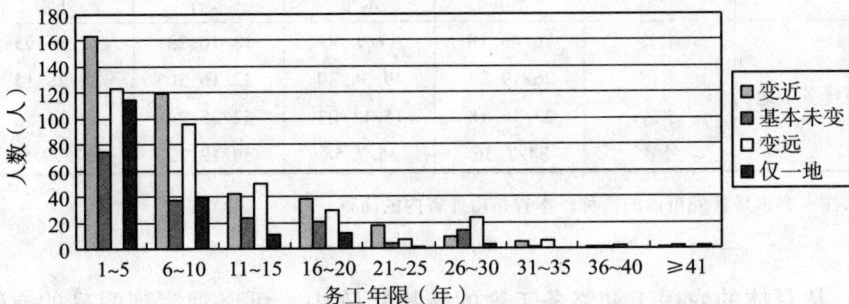

图 4-7 不同务工年限务工地距离变动统计

（3）务工地行政空间类型转换

务工地的行政空间类型虽然整体上在初次务工和最终务工之间没有

发生显著变化，但出现了弱回归本地的现象。剔除 181 位务工地仅一地者，对剩余的 909 位务工距离有变化的务工者分析，可发现较初次务工地相比，最终务工地在本县和本市的务工者比重略微上升，而本省和外省略微下降。其中，务工地在本县由原 158 人、占比 17.38% 上升到最终的 176 人、占比 19.36%，本市由原 116 人、占比 12.76% 上升到最终的 135 人、占比 14.85%。本县和本市的上升部分来自本省和外省的下降，其中，务工地在本省的由原占比 16.28% 下降到最终的 14.96%，务工地在外省的下降至 2.75%（见表 4 - 11），即和初次务工地相比，现在务工地中的本县和本市增加，而本省和外省减少。形成这种现象的原因可能是，本地经济的发展提供了较多的工作岗位，一些务工者不再背井离乡到较远的地方务工，也可能是由于个人或家庭的原因，农民工不得不在附近打工，当然也可能是以上两个原因的复合。但是，总体来看，上述的这种变化还是比较微弱的，务工地在行政空间上分布的总趋势并未发生明显改变，务工地随时间变化整体上仍呈现出空间继承性或空间惰性。

表 4 - 11　　　务工地变动者的务工地行政区域类型转换矩阵

	类型	初次务工地（人数/比重%）			
		本县	本市	本省	外省
最终务工地	本县	76/43.18	17/9.66	18/10.23	65/36.93
	本市	26/19.26	49/36.30	22/16.30	38/28.15
	本省	22/16.18	15/11.03	52/38.24	47/34.56
	外省	34/7.36	35/7.58	56/12.12	337/72.94

注：本市是县外市内的简称，本省是市外省内的简称。

从具体的农民工初终务工地的转换矩阵中，可以观察到明显的空间惰性和从外省回归性。由表 4 - 11 可知，最终务工地在本县的务工者中，来自本县（初次务工地）的占比为 43.18%，是来源构成的最主要部分，与此类似，最终务工地在本市、本省和外省的务工者来自本市、本省和外省的比例分别为 36.30%、38.24% 和 72.94%，均为最主要的来源地，表明务工地的选择存在较大的空间惰性。这可能与务工地选择中的空间认知有关，即务工者对周围环境的认知高于距离较远地区环境的认知。最终务工地的来源构成的另一个重要特点是来自外省的均占较大比重，最终务工地在本县的外省来源占比为 36.93%，居第二位，最终务工地在本市、本省的外省来源占比分别为 28.15% 和 34.56%，均居第二位（见表 4-11）。这表明整体上务工地由外省向较近距离的本地转移是一个基本规律。事实上，农民工跨地区转移并非最优选择，而是无奈的选择（高更和等，2010），如地方有适当的工作岗位，在工资收入不是很低的情况下，多数农民工仍会选择在地方务工，因为这样可以避免务工者社会资本的流失。但是，总体来看，无论是最终务工地还是初次务工地，仍以外省为主，因为农民工务工的主要目标是提高收入，由经济发展水平决定的工作机会是影响农民工务工地选择的核心因素。

4.4.2.2　影响因素分析

将上述所设计的 16 个变量导入 Spss20.0 模型后，经运算，得到以下的回归结果（见表 4-12）。模型通过相关检验，达到显著性水平。其中，务工年限、初次务工距离、务工地点数量、性别、教育程度、家庭人口规模、家庭抚养比、村区位 8 个变量达到显著性水平。同时，经检验，自变量之间不存在共线性问题。

表 4-12　　　　　　　　　　模型运算结果

变量		回归系数	标准误差	Wald 检验	Sig.	期望值
	常量	0.361	0.759	0.226	0.634	1.434
务工因素	务工年限	-0.025	0.013	3.770	0.052	0.975
	初次务工距离	-0.001	0.000	93.451	0.000	0.999
	初次务工工种	-0.081	0.104	0.595	0.441	0.923
	务工地点数量	0.082	0.029	8.074	0.004	1.086

	变量	回归系数	标准误差	Wald 检验	Sig.	期望值
个人因素	性别	0.519	0.186	7.779	0.005	1.680
	年龄	−0.004	0.010	0.188	0.665	0.996
	婚姻状况	0.125	0.232	0.292	0.589	1.134
	教育程度	−0.088	0.034	6.890	0.009	0.916
家庭因素	家庭人口规模	0.154	0.059	6.898	0.009	1.167
	家庭抚养比	−0.756	0.114	44.208	0.000	0.469
	家庭耕地面积	0.026	0.030	0.754	0.385	1.026
	家庭经济地位	0.118	0.113	1.096	0.295	1.125
村庄因素	村经济发展水平	−0.129	0.108	1.424	0.233	0.879
	村地形	−0.179	0.123	2.143	0.143	0.836
	村区位	0.408	0.100	16.707	0.000	1.505
	村务工人员比重	−0.004	0.004	1.328	0.249	0.996

注：模型系数的综合检验 $\chi^2 = 229.741$，Sig. $= 0.000$。

务工因素中务工年限、初次务工距离和务工地点数量达到了显著性水平。整体上，务工年限的系数为负，表明务工年限越长，务工地距离将变近或不变。农民工的务工过程不仅是取得工资性收入的过程，也是务工地空间优化的过程。随着务工年限的增长和务工经验的积累，农民工将趋于选择较优的务工地和较为理想的工作，从而导致务工地稳定性增强，也可能导致务工地距离的变近，其原因可能有两个，首先务工年限的增长意味着务工者年龄的增长，其家庭责任感与务家功能将凸显，或是年龄较大、体力不支时归乡情结愈浓，从而导致在本地务工。其次可能是随着本地经济的发展，工作机会增多，因而导致本地务工的概率增大。初次务工距离因子的系数为负，表明初次务工距离较大者务工距离变近的概率增加，这可能与本地经济发展提供的工作机会增加有关，由于外出务工造成的社会资本的消失或减少及家庭和社会网络关系的中断，长距离务工仅是农民的次优选择（高更和等，2010；温素清，潘勇，2014）。务工地点数量因子系数为正，表明务工地点数量越多，务

96

工地距离变远的概率越大，这可能与距离较远地区较多的工作机会有关（多为国内较为发达的地区），其选择余地较大，并导致务工地变动较为频繁。

个人因素中性别和教育程度达到了显著性水平。性别因子的系数为正，说明男性较女性务工地距离变远的概率较大，原因可能与男性较为追求较高的收入和较富有冒险性有关，而女性相对而言较为保守和求稳。收入和地区经济发达程度有关，较远的发达地区的工资性收入显著高于较近的本地的工资性收入，例如，2013年城镇职工平均工资，广东省、上海市和江苏省分别为5.332万元、9.091万元、5.717万元，而河南省为3.830万元（国家统计局，2014a），其差距显而易见。要获得较高的工资性收入，只能通过到较远的地区务工而实现。教育程度因子系数为负，表明教育程度较高者务工地距离变远的概率较小。教育程度较低者多为一般的体力劳动者，而较远的发达地区对此类劳动力可能有较大的需求，因而他们较多地选择在较远的地区务工。相对而言，人力资本水平较高者，可能具有较高的创业素质和技能，即使是务工也可能在本地获得较高的收入和较为稳定的工作，因而其务工地距离变近的概率较大。

家庭因素中的家庭人口规模和家庭抚养比达到了显著性水平。模型中，家庭人口规模的系数为正，表明人口规模较大家庭的成员务工地距离在初次务工地和最终务工地之间变大的概率较大，而较小规模家庭成员的务工地距离变小的概率较大。其原因在于人口规模较小家庭，主要劳动力需要照顾家庭中老人或小孩，为了兼顾务工收入和家务管理，务工者往往会选择近距离务工，使其务工距离变小的概率增大，而人口规模较大家庭的成员其家务管理的需求可能会变小，因而可以通过增加务工距离而实现较高的务工收入。与此对应的是家庭抚养比因子的作用，其系数为负，说明家庭抚养比大的家庭，其成员务工距离变小的概率较大，而家庭抚养比较小的家庭，务工者的务工距离变大的概率较大。实际上，在现有收入机制和体制作用下，农民工及家庭成员如要真正融入城市生活，成为真正的市民，仍需要较长的过程，目前多数的务工者具有增加收入和务家的双重功能，其务工行为的最优是寻求二者的平衡。

村庄因素中只有村区位因子达到显著性水平。村区位因子系数为正，说明该因子对务工地距离变动具有正向影响，即村庄距离县城越远，务工地距离变大概率越大，村庄距县城越近，务工地距离变小概率越大。作为农区城镇体系的末端，县城对周围村落的影响却是最大的，县城往往吸引较多的附近村庄的劳动力就业，因此，村区位条件实际上是影响农民工就业的核心空间因素。在县城就业，农民往往选择在家居住的方式，这对于近郊的村落具有很大的优势，而距离较远的村落，由于通勤成本较高，则毫无优势，取而代之的往往是到较远的地区去取得较高的工资性收入。因此，近郊村落中的务工者务工地距离变近的概率高于远郊村落，尤其是随着县域经济的发展，县城的龙头作用日益突出，其吸纳劳动力就业的效应日益加大。

4.4.3 结论

农民工初终务工地的变动十分频繁。大多数务工者初终务工距离发生了明显改变，但在不同的务工年限区间具有不同的变化特征，较短务工年限段的弱趋近性与较长务工年限段的弱趋远性形成了鲜明的对比，而在务工地行政空间类型转换中，整体态势并未发生根本变化，空间惰性特征明显，但出现了弱回归本地的现象。区域经济发展改变农民工流动空间的雏形已开始显现，发展地方经济应成为解决人口跨区域流动的重要手段。影响初终务工地距离变动的显著因子为务工年限、初次务工距离、务工地点数量、性别、教育程度、家庭人口规模、家庭抚养比、村区位等。其中，务工年限较长者、初次务工距离较大者、教育程度较高者、家庭抚养比较大者务工地距离不变或变小的概率较大，而务工地点数量较多者、男性、家庭人口规模较大者、村区位较偏远者，务工地距离变远的概率较大，反之亦然。目前，多数农民工的务工行为和空间选择机制依然是增加收入和务家之间的平衡，农民工真正的市民化仍任重而道远。

第 5 章

农民工回流区位与城市定居区位研究

5.1 数据来源与样本描述性统计

5.1.1 数据来源

本书的数据通过入户访谈和问卷调查获得。在高更和教授国家自然科学基金资助项目的支持下，通过和当地政府管理部门的沟通协调，由调研人员根据问卷对所选择的样本村回流农民工进行了调查询问。参加调查的人员从河南财经政法大学资源与环境学院本科生和硕士研究生中通过选拔产生。包括笔者本人在内一共有 12 人参与了调研工作。调查人员都经过了严格培训。调查完成时间区间大致是 2014 年春节前后。在这期间对随机抽取的 12 个样本村进行了调研。选择春节期间进行调研的缘由是春节多数农民工有回家过年的习俗，在这期间具有调研的便利性。本次调查总共回收问卷 566 份，其中有效问卷 525 份。

这 12 个村庄分别为：河南省三门峡灵宝市（县级市）川口乡楸梓村，河南省洛阳市洛宁县马店乡焦河村，河南省周口市鹿邑县高集乡刘

庄村，河南省濮阳市台前县马楼乡陈楼村，河南省许昌禹州市张得乡张
得村，河南省驻马店市西平县重渠乡李庄村，河南省新乡市长垣县蒲东
区王楼村，河南省商丘永城市裴桥镇和顺村，河南省安阳市安阳县崔家
桥镇隆化村，河南省南阳市宛城区白河镇双铺村，河南省信阳新县吴陈
河镇杜洼村。

5.1.2 研究样本描述性统计

5.1.2.1 样本村回流城乡情况

从样本的统计情况来看，来自 12 个村的回流城市和乡村的人数分
别是：回流城市 192 人，回流乡村 333 人。回流到乡村的人多于回流到
城市的人。杜洼、陈楼村、楸梓村等几个村的回流城市比例较高，见表
5－1。

表 5－1　　　　　　　　样本村回流城乡统计　　　　　　　　单位：人

行政村	回流城乡		合计
	乡村	城市	
陈楼村	16	34	50
杜洼	9	26	35
和顺村	42	3	45
焦河	43	8	51
李庄村	17	33	50
刘庄	50	0	50
隆化村	51	1	52
楸梓村	18	32	50
双铺村	50	0	50
王楼村	31	19	50
卫庄	1	1	2
张得村	5	35	40
合计	333	192	525

5.1.2.2 样本的性别分布

对回流农民工的调查样本中，男性 350 人，占比 66.7%，女性 175 人，占 33.3%。事实上，外出打工的农民工男性整体要多于女性（见表 5 - 2）。

表 5 - 2		样本性别比例		单位：人，%
项目	频率	百分比	有效百分比	累积百分比
女	175	33.3	33.3	33.3
男	350	66.7	66.7	100.0
合计	525	100.0	100.0	

5.1.2.3 受教育状况统计

在所调查的回流农民工中，大多数拥有初中学历，其次是小学学历，排在第三位的是高中学历，文盲及大专以上学历的占比均很低，详细比例见表 5 - 3。由此可以看出外出打工的农民工学历整体较低，属于非知识阶层。

表 5 - 3		受教育程度		单位：人，%
学历	频率	百分比	有效百分比	累积百分比
文盲	9	1.7	1.7	1.7
小学	176	33.5	33.5	35.2
初中	283	53.9	53.9	89.1
高中	47	9.0	9.0	98.1
大专	6	1.1	1.1	99.2
本科及以上	4	0.8	0.8	100.0
合计	525	100.0	100.0	

5.1.2.4　回流的年份统计

调查样本中，回流农民工回流年份中从 2004 年开始显著增加，2012 年达到顶峰，其中回流最多的年份是 2009 年、2012 年、2013 年三个年份，见图 5 - 1。

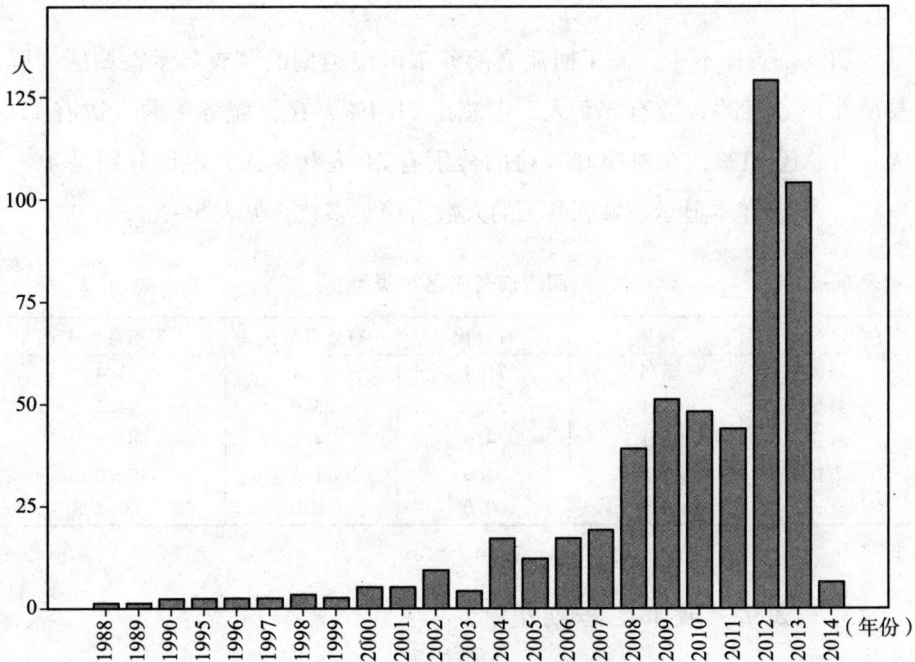

图 5 - 1　回流年份频率统计

5.1.2.5　回流后工作地点期望

回流调查样本中，回流后愿意在城市工作的有 231 人，占 44%，期望在农村工作的有 294 人，占 56%，总体来看期望在农村工作的人数略微多于城市，见表 5 - 4。

表 5 - 4　　　　　　　　　　准备在哪里工作：城乡　　　　　单位：人，%

区位	频率	百分比	有效百分比	累积百分比
农村	294	56.0	56.0	56.0
城市	231	44.0	44.0	100.0
合计	525	100.0	100.0	

5.1.2.6　回流前务工区位类型

回流调查样本中，关于回流之前务工区位类型的调查显示在城区（除县城外）务工的人数有 375 人，占总比 71.4%，在县城务工的人数有 121 人，占总比 23%，在村镇和乡村的分别有 21 人和 8 人，占比分别是 4%、1.5%。调查样本显示在城区务工的人数占绝对多数，见表 5 - 5。

表 5 - 5　　　　　　　　　回流前务工区位类型　　　　　　　单位：人，%

区位	频率	百分比	有效百分比	累积百分比
城区	375	71.4	71.4	71.4
县城	121	23.0	23.0	94.5
村镇	21	4.0	4.0	98.5
乡村	8	1.5	1.5	100.0
合计	525	100.0	100.0	

5.1.2.7　城市定居期望

回流样本中，城市定居期望调查显示有 163 人不希望自居定居到城市，占 31%，有 348 人期望自己定居到城市，占比 66.3%，有 14 人拿不定主意。数据显示多数人期望定居到城市，见表 5 - 6。

表 5 - 6　　　　　　　　　　城市定居期望　　　　　　　　　单位：人，%

分类	频率	百分比	有效百分比	累积百分比
否，不希望	163	31.0	31.0	31.0
是，希望	348	66.3	66.3	97.3
不确定	14	2.7	2.7	100.0
合计	525	100.0	100.0	

5.1.2.8　在城市购房情况

对已经回流的农民工调查显示，回流者中已经在家乡所在地城市购房的有 108 人，占比 20.6，没有购买的有 417 人，占比 79.4% 。可见多数回流农民工尚未在本地城市购房，见表 5 -7。

表 5 -7　　　　　　　　　农民工城市购房情况　　　　　　　单位：人，%

分类	频率	百分比	有效百分比	累积百分比
未购买	417	79.4	79.4	79.4
已购买	108	20.6	20.6	100.0
合计	525	100.0	100.0	

5.1.2.9　希望定居城镇等级分类

在封闭性的问卷中设计了希望定居城镇等级分类的调查项目，在附近的镇、外省地级市、外省省城、首都、本县县城、附近的县城、所在的地级市、附近的城市（除所在地级市外）、本省省城、外省县级市、拿不定主意等选项中，被调查的回流农民工希望定居城镇等级分类中期望定居在本县县城的最多，其次是所在的地级市、外省省城、本省省城，见表 5 -8。

表 5 -8　　　　　　　　　希望定居城市等级分类　　　　　　　单位：人，%

分类	频率	百分比	有效百分比	累积百分比
附近的镇	3	0.8	0.8	0.8
外省地级市	4	1.0	1.0	1.8
外省省城	60	15.3	15.3	17.0
首都	28	7.1	7.1	24.2
本县县城	146	37.2	37.2	61.3
附近的县城	1	0.3	0.3	61.6
所在的地级市	73	18.6	18.6	80.2

分类	频率	百分比	有效百分比	累积百分比
附近的城市，除所在地级市外	4	1.0	1.0	81.2
本省省城	32	8.1	8.1	89.3
外省县级市	2	0.5	0.5	89.8
拿不定主意	40	10.2	10.2	100.0
合计	393	100.0	100.0	

5.1.2.10　在城市购房计划

经过统计，样本回流农民工中除了 20.2% 的人已经在城市购买过住房外，近期有购买计划的多达 35.4%，见表 5 - 9。

表 5 - 9　　　　　　　　　在城市购房计划　　　　　　　单位：人，%

分类	频率	百分比	有效百分比	累积百分比
没有购买计划	231	44.0	44.0	44.0
近期有购买计划	186	35.4	35.4	79.4
已经购买	106	20.2	20.2	99.6
拿不定主意	2	0.4	0.4	100.0
合计	525	100.0	100.0	

5.1.2.11　回流区位特征

调查样本中，回流到城市的有 192 人，占比 36.6%，回流到农村的有 333 人，占比 63.4%。可见，目前农民工回流仍然以回流到农村为主，见表 5 - 10。

表 5 - 10　　　　　　　　　回流城乡区位分布　　　　　　　单位：人，%

区位	频率	百分比	有效百分比	累积百分比
农村	333	63.4	63.4	63.4
城市	192	36.6	36.6	100.0
合计	525	100.0	100.0	

5.2 农民工回流区位选择的行为研究

5.2.1 回流区位分类说明

本书把农民工的回流区位划分为城市和乡村两种，其中城市主要包括除乡村以外的地级市、县城等，乡村主要包括自然村及乡镇。主要基于以下几点考虑：

（1）20 世纪末以来，我国学者逐步开始关注回流农民工这一群体，并从回流农民工返乡创业农民工回流返回家乡对县域经济产生的影响等角度进行了研究（李小建，时慧娜，2009）。相当多的研究其共同前提是假设了返乡的农民工返乡的路径仅仅存在从城市到农村。事实上，通过调研发现近些年返乡的农民工并没有全部回流到自己原本的村庄，而有很多人回流到了家乡所在的地级市、县城、经济发展较好的镇等，也就是说从外地城市回流的农民工其回流地选择存在回流至本地城市和本地乡村两种情形。

（2）本书对农民工的界定是其曾到自己家庭所在地的地级市以外的城市务工。随着近年来县域经济和地级市的不断发展，各区域居于经济文化领导地位的县城、地级市房地产业，沿海及发达地区转移来的制造业及本区域的创业活动的活跃使得这些城市逐步开始走向繁荣。而与中小城镇相对的是大城市、沿海城市的高房价、高物价、高歧视，这些使得在这里务工的农民工在一个可以预见的期限内不可能真正融入当地社会。这些期望且有条件获得城市生活的农民工的最终流向值得我们关注。

（3）人口是繁荣的基础，当下居于非核心经济区位的中小城市其经济、文化及社会的繁荣需要更多的人口注入，这些人口中有一部分将会是回流的农民工，他们的回流地选择对区域经济繁荣至关重要。

5.2.2　变量设计与说明

农民工回流的区位选择影响因素主要可以概括为个人特征、家庭特征、务工特征和社区特征四大类变量，其中农民工个人特征变量包括性别、年龄、受教育程度、婚姻状况、城镇定居期望等因子；农民工家庭特征主要包括家庭人口量、幼儿数量（7 岁前）、劳动力数量、老人数量（60 岁以上）、好耕地数量、家庭几代人、在城镇购房情况、家庭中小学生数量、家庭大中专学生数量等因子；农民工务工特征主要包括外出务工年限、技能、5 年来务工地点数量、回流前务工地点类型、回流前务工工种等因子；农民工社区特征主要包括在本村经济地位、本村人均收入情况、地形、距最近地级市的距离、距最近县城的距离等因子。每个因子的具体含义及赋值统计方法见表 5 – 11。

表 5 – 11　　　　　　　　　回流农民工统计变量设计

序号	变量	赋值	含义
1	回流城乡	城市，1；乡村，0	从外地城市返乡选择的地点
2	意愿回流城乡	城市，1；乡村，0	理想的返乡地点
3	性别	男性，1；女性，0	务工者的性别
4	年龄	实际年龄，单位：岁	务工者的实际年龄
5	受教育程度	受教育等级，0～5 分别表示文盲、小学、初中、高中、大专、本科	农民工所接受的国民序列教育等级
6	婚姻状况	已婚，1；未婚，0	务工者的实际婚姻状况
7	城镇定居期望	希望，1；不希望，0	务工者是否期望定居到城市
8	家庭人口量	家庭实际人口数量，单位：人	务工者家庭实际总人口数
9	幼儿数量（7 岁前）	家庭实际幼儿数量，单位：人	务工者家庭实际幼儿数量
10	劳动力数量	家庭 15～60 岁劳力数，单位：人	务工者家庭实际劳动力数量

序号	变量	赋值	含义
11	老人数量（60 岁以上）	家庭 60 岁以上老人数，单位：人	务工者家庭实际老人数量
12	好耕地数量	好耕地亩数，单位：亩	务工者家庭拥有的好耕地数量
13	家庭几代人	实际代数，单位：代	务工者家庭代际数
14	在城镇购房情况	购买，1；未购买，0	务工者家庭在县城及以上行政中购房情况
15	家庭中小学生数量	实际个数，单位：人	务工者家庭实际拥有的中小学生数
16	家庭大中专学生数量	实际个数，单位：人	务工者家庭实际拥有的大中专学生数
17	外出务工年限	实际年数，单位：年	务工者外出打工的总年数，估计值
18	技能	有，1；无，0	务工者是否有一技之长
19	5 年来务工地点数量	实际数量，单位：个	五年来务工者的务工地点变换数量
20	回流前务工地点类型	城区（此处指县城以上），1；县城，2；村镇，3；乡村，4	回流前务工者打工地的行政等级
21	回流前务工工种	有技术工种，1；无技术工种，0	回流前务工者从事工作的技术性
22	在本村经济地位	好，1；较好，2；中等，3；较差 4；很差，5	务工者在本村的经济地位情况
23	本村人均收入（元）	实际平均收入，单位：元	务工者所在村庄人均收入情况，估计值
24	地形	平原，1；丘陵，2；山地，3	务工者所在村庄的地形情况
25	距最近地级市的距离	实际距离，单位：公里	务工者距离最近地级市的距离
26	距最近县城的距离	实际距离，单位：公里	务工者距离最近县城的距离

5.2.3　回流城乡农民工特征比较

通过对调研数据的整理分析，根据回流地点的不同，把样本划分为回流至城市（地级市、县城、区域工商业中心）的农民工和乡村（自然村、新农村、一般乡镇）的农民工，并从农民工个人特征、家庭特征、务工特征和社区特征四个方面进行比较分析，具体结果见表 5 - 12。

表 5-12 回流城乡农民工基本特征比较

分类	全部回流农民工		回流城市的农民工		回流乡村的农民工	
	均值	标准差	均值	标准差	均值	标准差
性别	0.67	0.47	0.61	0.49	0.70	0.46
年龄（年）	37.81	12.04	34.88	11.64	39.50	11.97
受教育程度	1.77	0.74	1.89	0.77	1.69	0.72
婚姻状况	0.84	0.36	0.70	0.46	0.92	0.26
城镇定居期望	0.66	0.47	0.64	0.48	0.68	0.47
家庭人口量（个）	5.37	2.13	5.51	2.28	5.29	2.03
家庭幼儿数量（7 岁前）	0.55	0.73	0.44	0.71	0.61	0.74
家庭劳动力数量（人）	3.21	1.52	3.32	1.63	3.15	1.46
家庭老人数量（60 岁以上）	0.80	1.01	0.87	0.99	0.77	1.02
家庭好耕地数量	3.85	2.65	3.14	2.45	4.25	2.68
家庭几代人	2.60	0.61	2.61	0.61	2.60	0.61
在城镇购房情况	0.21	0.41	0.23	0.43	0.19	0.39
家庭中小学生数量（人）	1.26	2.96	1.35	4.67	1.22	1.13
家庭大中专学生数（人）	0.32	0.57	0.44	0.67	0.25	0.50
外出务工年限	8.27	6.89	7.36	6.45	8.79	7.09
技能	0.58	0.49	0.59	0.49	0.58	0.50
5 年来务工地点数（个）	2.51	1.63	2.57	1.82	2.47	1.52
回流前务工地点类型	1.36	0.63	1.33	0.64	1.37	0.63
回流前务工工种	0.38	0.49	0.31	0.47	0.41	0.49
在本村经济地位	2.85	0.74	2.95	0.72	2.79	0.75
本村人均收入（元）	2764.38	1803.68	2552.08	1030.12	2886.79	2117.33
地形	1.51	0.80	1.62	0.93	1.44	0.71
距最近地级市的距离	89.28	89.56	111.12	115.47	74.55	62.69
距最近县城的距离	18.33	14.09	12.85	7.27	22.03	16.23

农民工个人特征：从性别的比较来看，回流至乡村的农民工男性要多于女性，也就是说相对而言女性更倾向于回流到城市，而男性则相反。分析其原因可能是受传统观念的影响女性对迁移出本地更容易能接受，女性也更容易通过婚姻、城市中劳动强度不大的工作岗位等实现回流到城市。对生活在农村地区的广大农民工而言，其家庭观念及农业生

产的需要是男性回流到乡村的重要引力源。回流到城市的农民工平均年龄是 34.88 岁，明显小于回流到乡村的 39.50 岁，说明年龄较小者更倾向于回流到城市，过城市生活。从受教育程度的角度来看回流到城市的农民工受到更多的基本教育，但从全部样本的角度来考察其均值并为达到初中毕业。回流至乡村的已婚者相比较回流至城市的农民工而言要更多，原因可能是受农村新经济观念的影响，未婚者更不愿意回到农村的家。从本样本调查的数据显示无论是回流到城市的农民工，还是回流到乡村的农民工其城市定居期望几乎相同，这一点与戚迪明（2013）的统计结果有所不同。

农民工的家庭特征：从家庭人口数量来看回流至城市的农民工家庭人口稍微多于回流至乡村的农民工，原因可能是较大的人口基数使得家庭支出庞大，需要家庭成员到收益相对较高的本地城市需找收入来源。从家庭幼儿数量（7 岁前）来看，回流至城市的平均有 0.44 个，低于回流至乡村的 0.61。从家庭劳动力数量来考察，回流至城市的家庭劳力数量要高于回流至乡村的。从家庭老人数量来看，回流至城市的农民工家庭老人要多于回流至乡村的农民工，比较家庭幼儿数量来看，农民工回流农村子女引力要大于父母等老人的引力。家庭好耕地数量，回流至城市和乡村的两组数据差异比较大，分析其原因可能是家庭好耕地较少的家庭更需要回流到城市寻求工作支撑家庭经济。回流至城市和乡村的农民工其家庭人口代数几乎没有太大差别。在城市购房的农民工其回流地更倾向于城市。中小学生数量较多的农民工家庭更倾向于回流到城市，原因可能是当前在乡村比较流行送子女到本地的城市读书，回流的农民工就近在城市寻求工作并照顾子女。农民工家庭拥有较多大中专生的家庭也更可能回流至城市。

农民工务工特征：从样本统计数据来看回流至城市的农民工外出务工年限比较少。技能上稍微优于回流至乡村的农民工。从 5 年来务工地点来看，回流至城市的农民工更换务工地点相对更频繁。从农民工回流前的务工区位类型来看，在大城市务工的农民工更倾向于回流至本地城市。在此次样本中回流至城市的农民工相对于回流至农村的农民工回流前从事的工作技术水平更低，这也是一个意外，需要以后更多的调查研究来校对。

农民工社区特征：回流至城市的农民工在本村经济地位相对较高，但人均收入并没有回流至乡村的农民工的平均收入高。就地形来看，回流至城市的农民工其所在村的地形更多的是山地和丘陵，而回流至农村的其所在村的地形则为平原和丘陵多一些。距离最近地级市越远的回流农民工越倾向于回流到城市，而这个倾向与距最近县城的距离情况所带来的结果相反，对于最近的县城而言，距离越近的农民工，越倾向于回流到城市。

5.2.4 农民工回流城乡选择的实证分析

5.2.4.1 模型的构建与变量说明

从回流城与乡的农民工特征比较分析来看，外出务工农民的个人特征、家庭特征、务工特征和社区特征有可能会影响农民工回流区位（城市或乡村）的选择，由此，研究建立以下的农民工回流区位选择计量模型，并以此进行实证分析，研究农民工回流区位选择的影响因素。

$$Region_i = f(O_i, \ H_i, \ W_i, \ C_i) + \varepsilon_i \qquad (5-1)$$

式（5-1）中，$Region_i$ 代表回流农民农工的地点选择，它是一个二分变量，其中 $Region_i = 1$ 表示回流到城市，$Region_i = 0$ 表示回流到乡村。O_i 代表影响农民工回流地点选择的农民工个人特征因素，包括性别、年龄（年）、受教育程度、婚姻状况、城镇定居期望等；H_i 代表影响农民工回流地点选择的农民工家庭特征，主要包括家庭人口量、家庭幼儿数量、家庭劳动力数量、家庭老人数量、家庭好耕地数量、家庭几代人、在城镇购房情况、家庭中小学生数量、家庭大中专学生数等因素；W_i 代表回流农民工的务工特征，主要包括外出务工年限、技能、5 年来务工地点数、回流前务工地点类型、回流前务工工种等；C_i 代表回流农民工的社区特征，包括在本村经济地位、本村人均收入、地形、距最近地级市的距离、距最近县城的距离等。ε_i 为随机扰动项。

5.2.4.2　模型与讨论

把农民工回流区位分成了回流到城市和乡村两种情形，采用 Spss19.0 中的二元 Logistic 回归分析，将外出务工农民的个人特征、家庭特征、务工特征和社区特征逐步引入，可以得到四个模型，其估计参数如表 5－13 所示。

模型 1 为对回流农民工个人特征回归分析的结果。从中可以看出性别、年龄、受教育程度、婚姻状况、城镇定居期望均被纳入模型中，性别、受教育程度、婚姻状况、城镇定居期望几个因素达到了显著水平。性别的系数为负，说明了越是女性农民工其回流到城市的概率越大，而男性农民工回流地选择乡村的概率相对较大。其可能的原因是女性更容易通过婚嫁回流到本地的城市，并且从继承农村家庭生产的角度来考虑女性也不适宜回流到乡村。事实上，现代乡村女性经过城市打工的洗礼，对城市生活的渴求已经非常强烈。受教育程度系数为正，说明了伴随着所受教育等级的提升，农民工回流到城市的概率也在提升，学历相对较高的农民工更愿意回流到本地的城市。随着受教育的增加，农民工对新事物的接受、在本地城市寻求工作的能力、家庭期望等都对其回流到本地城市提供了正向的力量。婚姻状况的系数为负数，说明了越是未婚的农民工其回流到本地城市的概率越大，已婚的农民工则更倾向于回流到乡村。分析其可能的原因是乡村经济观念、就业观念及婚嫁观念的在其中造成了重大影响，今日中国的大多数乡村已经与往昔大有不同，乡村原有的诸多传统观念被新观念逐步击碎，农民对自身和家庭经济的

表5-13　农民工回流地点选择的估计结果

因子类	因子	模型1		模型2		模型3		模型4	
		系数	显著性水平	系数	显著性水平	系数	显著性水平	系数	显著性水平
个人特征	性别	-0.387*	0.072	-0.340	0.157	-0.460*	0.072	-0.395	0.226
	年龄	-0.002	0.860	-0.031**	0.014	-0.040***	0.006	-0.086***	0.000
	受教育程度	0.242*	0.086	-0.056	0.728	-0.038	0.815	-0.187	0.368
	婚姻状况	-1.589***	0.000	-1.271***	0.000	-1.269***	0.000	-1.228**	0.018
	城镇定居期望	-0.429**	0.040	-.409*	0.076	-.430*	0.066	0.055	0.853
家庭特征	家庭人口量			0.626***	0.000	0.647***	0.000	0.145	0.414
	家庭幼儿数量			-0.482**	0.018	-0.498**	0.015	-0.354	0.153
	家庭劳动力数量			-0.147	0.243	-0.189	0.143	0.049	0.758
	家庭老人数量			-0.108	0.519	-0.105	0.537	-0.076	0.705
	家庭好耕地数量			-0.328***	0.000	-0.343***	0.000	-0.310***	0.001
	家庭几代人			-0.239	0.344	-0.225	0.380	0.052	0.875
	在城镇购房情况			0.472*	0.076	0.433	0.106	0.190	0.566
	家庭中小学生数量			-0.261**	0.034	-0.245**	0.048	-0.104	0.537
	家庭大中专学生数量			0.347	0.102	0.423*	0.052	0.520**	0.061
务工特征	外出务工年限					0.023	0.294	0.017	0.534
	技能					0.114	0.639	-0.099	0.797
	5年来务工地点数量					0.055	0.422	0.040	0.635
	回流前务工地点类型					-0.326*	0.096	-0.297	0.242
	回流前务工工种					-0.196	0.414	-0.649**	0.042

续表

因子类	因子	模型 1		模型 2		模型 3		模型 4	
		系数	显著性水平	系数	显著性水平	系数	显著性水平	系数	显著性水平
	在本村经济地位							0.012	0.953
	本村人均收入							0.000	0.272
社区特征	地形							−0.399	0.110
	距最近地级市的距离							0.011 ***	0.000
	距最近县城的距离							−0.168 ***	0.000
常量		0.976	0.066	1.643	0.030	2.157	0.013	7.663	0.000
模型综合检验显著性水平			0.000		0.000		0.000		0.000
Nagelkerke R²			0.137		0.305		0.318		0.565
总百分率的符合率			69.6		74.0		73.4		79.6

注：①因变量：乡村，0；城市，1。
②*** 显著性水平为 0.01，** 显著性水平为 0.05，* 显著性水平为 0.1。

渴求促使他们变得精于比较与选择，固守本土或因于主观或客观迫使变得已经不那么重要了，未婚的青年自然是新观念反映的最强表露点，他们渴望经济更加充裕、寻求现代城市工作，婚嫁中流行的婚后进入城市生活也给这些未婚青年增加了回流到城市的客观推力。城镇定居期望为负值，说明了越是回流到农村的农民工其定居城市的期望越强烈，与笔者原先所认为的回流城市的农民工的城市定居期望会大于回流到乡村的农民工恰恰相反，这个结果很令人意外。推断其可能的原因是受客观条件的限制使得回流到乡村的农民工定居城市的希望更加渺茫，所以显得更加渴求。

以上分析仅仅对回流农民工的个人特征进行了研究分析，得出的结论也可能与真实情况有较大出入。

模型2为在回流农民工个人特征的基础上加入家庭特征后的回归结果，加入家庭特征后模型的拟合度有所提高，Nagelkerke R^2 由 0.137 提高到 0.305，模型中总百分率的符合率也由 69.6 提高到 74.0，模型的显著水平依然为 0.000。

在模型2中达到显著水平的特征因素有年龄、婚姻状况、城镇定居期望、家庭人口、家庭幼儿数量、家庭好耕地数量、在城镇购房情况、家庭中小学生数量。与模型1比较，性别、受教育程度两个特征的显著性有所下降、没有达到 0.1 及以上水平，而年龄的显著性在模型2中有所增加。由此可以看出，在考虑较多因素时，回流农民工选择回流地点时会综合考虑各因素来进行决策。年龄、婚姻状况和城镇定居期望系数均为负数，说明年龄较小、未婚、城镇定居期望不高的回流农民工回流到城市的概率比较大。家庭人口量系数为正数，说明越是家庭人口数量多的家庭其回流到城市的概率越大，分析其原因可能是较大规模的家庭其家庭开支较大，即使回流了，也得想尽办法提高家庭的经济收益，回流到本地城市将会成为一种较好的选择，这样在照顾家庭和保证家庭经济收入两个方面均有改进。家庭幼儿数量的多少也对回流农民工的回流区位产生重要影响，家庭幼儿数量越少其回流到城市的概率越大，其可能的原因是幼儿过多的家庭无力支付城市抚养的高额成本，从照顾子女与经济承受能力考虑幼儿较多的家庭更多的选择回流到乡村。家庭好耕地数量的系数为负数，说明好耕地数量较少的家庭回流到城市的概率更大，其可能的原因是过少的耕地无法维持其家庭存在的需要，回流者可能被迫回流到本地城市。在城镇购房情况系数为正，说明了已经在城市拥有物业的回流农民工其回流到城市的概率较大，这种情况也应该是一种必然。家庭中小学生数量的系数为负数，说明越是中小学生数量多的家庭，其回流到城市的概率越小，原因可能是家中中小学生多的家庭更需要回流者的照顾。

模型 2 的分析主要考虑了个人特征和家庭特征两方面的因素，可能有一定的片面性。

模型 3 是在回流农民工的个人特征、家庭特征的基础上加入回流农民工务工特征后回归的结果。经过 4 次迭代，模型停止了运算，加入务工特征因素后，模型的拟合度有稍微提高，Nagelkerke R^2 由 0.305 提高到 0.318，模型中总百分率的符合率为 73.4，没有提高。模型的显著水平依然为 0.000。

在模型 3 中性别、年龄、婚姻状况、城镇定居期望、家庭人口数量、家庭幼儿数量、家庭好耕地数量、家庭中小学生数量、家庭大中专学生数量、回流前务工地点类型等因子达到了显著水平。其中与模型 2 比较，年龄、婚姻状况、城镇定居期望、家庭人口数量、家庭幼儿数量、家庭好耕地数量、家庭中小学生数量等几个因子依然保持了显著性。性别又重新进入了显著的行列，家庭拥有的大中专学生数量也具有了显著性。加入回流农民工务工特征后模型系数的变化，反映了模型因子相互作用的结果。家庭拥有的大中专学生数量系数为正，说明了家中拥有的大中专学生数量越多，回流农民工回流到城市的概率越大，可能的原因是大中专教育开销庞大，家庭成员需要在本地城市寻求新的工作岗位支撑家庭收支平衡。另外，也有可能随着家庭成员接受高层次教育人数的增加家庭观念发生了重要的变化，这些变化影响了回流农民工对回流区位的选择。回流前务工地点类型的系数为负数，说明了在回流之前其务工地点的城市层级越高，其回流到城市的概率越大，也就是说在大城市务工的农民工回到本地小城市的概率较大，在小城市务工的农民工回流到乡村的概率较大。可能的原因是，在大城市有务工经历的农民工接受城市生活与价值观念的洗礼比较深入一些，他们更有能力和信心融入城市生活。

模型3的分析主要考虑了回流农民工的个人特征、家庭特征和务工特征，仍然可能存在片面性。

模型4是在回流农民工的个人特征、家庭特征和务工特征的基础上加入回流农民工社区特征后回归的结果。经过7次迭代，模型停止了运算，加入社区特征因素后，模型的拟合度有所提高，Nagelkerke R^2 由0.318提高到0.565，模型中总百分率的符合率也提高到79.6。模型的显著水平依然为0.000。

模型4中年龄、婚姻状况、家庭好耕地数量、家庭大中专学生数量、回流前务工工种、距离最近地级市的距离和距离最近县城的距离等因子达到了显著水平。比较模型3，年龄、婚姻状况、家庭好耕地数量、家庭大中专学生数量等因子继续维持了其显著性。作为回流农民工个人特征的年龄和婚姻状况其系数均为负数，显示了年龄相对小者、未婚者回流到城市的概率比较大。其原因可能是新一代农民工对城市文明融入程度相对更高且他们已经基本丧失了继承家庭农业生产的能力。也有可能是他们不能适应大城市的生活当面对乡村时也无法适应，最终被逼迫到中小城市来。当然当前乡村未婚低龄青年普遍脱离农业生产外出务工的风气也可能是原因之一。作为回流农民工家庭特征的家庭好耕地数量系数为负，说明了家庭好耕地数量越少其回流到城市的概率越大，其可能的原因是家庭收益高的土地太少，若回流到农村其可耕种的土地收益不足以支撑家庭的生存和发展。家庭特征中的家庭大中专学生数量系数为正，反映了家庭大中专学生数量对回流农民的地点选择形成了重要的影响，家庭大中专学生数量越多越容易回流到城市。可能的原因是，家中的下一代接受高等教育或城市职业教育的人对家庭的城乡存在观念造成了重要影响，这类学生越多家庭对城市的潜在融入度也越高。回流前务工工种的系数为负数，说明回流者在回流前所从事工作的技术性越低其回流到城市的概率越大，具体原因尚不明确，这个结果也与统计分析之前的设想不同，此数据有待进一步考证。距最近地级市的距离系数为正，说明回流的农民工其社区距离最近地级市的距离越远，其回流到城市的概率越大。可能的原因是距离最近的地级市较远的地方其回流乡村的经济收益太低，导致人们更愿意回流到城市而不是乡村。距离最近县城的距离的系数为负数，说明回流的农民工其社区距离最近的县城的距离越近，其回流到城市的概率越大，这与距最近地级市的距离系数为正的效应恰恰相反，这也说明"距离"对不同层级的行政中心所带来的农民工回流地点选择的响应不尽一致。

总之，影响回流农民工回流区位选择的主要因素是年龄、婚姻状况、家庭好耕地数量、家庭大中专学生数量、回流前务工工种、距离最近地级市的距离和距离最近县城的距离等因子。年龄较小者、未婚者、家庭好耕地数量较少者、家庭大中专学生较多者、回流前务工工种技术含量低者、距离最近地级市的距离较远和距离最近县城的距离较近者回流到城市的概率较大，反之则反。

5.2.5　省际流动农民工回流区位及影响因素研究

在城市化、工业化进程中，农村劳动力到外地务工就业一直伴随着大量的回流现象，这引起了经济学和社会学界的极大重视（石智雷，杨云彦，2012）。尤其是受 2008 年全球金融危机的影响，我国经济增速放缓，失业率激增，大批农民工被迫回流返乡，这引起学者们的关注，并从 2009 年开始发表较多的相关研究成果。近些年来，随着我国产业转移、经济布局调整和中西部区域经济的发展，农民工回流持续增加，对回流的研究也开始成为学者们关注的重点。

目前，国内相关研究主要集中于回流的状态与特征（刘云刚、燕婷婷，2013）、动因（石智雷、杨云彦，2012）、影响因素（袁方等，2015）、经济社会影响（邵腾伟等，2010）等方面。回流与流动是农民工空间流动的两种最基本方式，国内有关农民工流动动因的相关理论也多引用国外的研究成果（石智雷、杨云彦，2012；刘云刚、燕婷婷，2013；袁方等，2015；邵腾伟等，2010；丁越兰、黄晶，2010），因为流动本身暗含着对回流的解释。如刘易斯的二元经济理论、斯达克的新迁移经济理论、托达罗的预期收益理论、生命周期理论、赫伯尔的"推拉"理论、结构主义理论、人力资本理论等。同时结合中国国情，学者们也从制度主义、成本收益、家务管理、推拉力等方面分析农民工回流的机制和理论框架，普遍认为，户籍制度（高强、贾海明，2007）、经济政策（匡逸舟等，2014）、社会保障（余运江等，2014）、就业岗位、收入状况（袁方等，2015）、社会资本和社会关系网络（张骁鸣、保继刚，2009）、农民工个体因素及人力资本（袁方等，2015）、家庭因素等（杨云彦、石智雷，2010）是影响农民工回流的重要因素。在回流效应上，正向效应与负向效应并存（高强、贾海明，2007），但多以负向选择为主（胡枫、史宇鹏，2013），回流有助于对我国二元经济结构的转换（金沙，2009），但对农民工回流创业应该持谨慎态度（胡枫、史宇鹏，2013）。

国际上对回流移民的研究历史较长，文献也较多。但和国内不同的是回流移民大多为国际移民，对国内各地区之间的回流移民研究较少。最早的回流移民研究为 1885 年拉文斯坦的研究，其曾论述过反迁移（counters streams），20 世纪 60 年代以前国际上很少有文献论述回流迁移，但到了 70 年代，文献开始增多，其主因是全球范围内经济的复苏。较早时期的研究内容主要包括回流的空间分类和时间分类（King，1978；Gmelch，1980）、人才回流（Hodgkin，1972）、回流迁移与区域发展（Mcarthur，1979）、影响因素等（Gmelch，1980；Russell，1986）。近些年来，回流迁移的影响因素（Hirvonen & Lilleør，2015）及其社会效应（Piracha & Vadean，2010；Dustmanna et al.，2011）、回流后的区域和职业选择（Junge et al.，2015）、熟练工人的回流和人才回流仍然被关注（Gaulé，2014）。在影响因素方面，人力资本（Junge et al.，2015）、婚姻、家庭和生活方式（Hirvonen & Lilleør，2015）、心理和社会因素（Nicola & Matthias，2009）、生命周期（Klrdar，2009）、与母国的联系（Ravuri，2014）、失业等被认为对回流迁移具有重要影响。有学者认为，回流到本地多从事农业，而回流到其他地方多从事非农产业（Junge et al.，2015）。对于回流者，一些学者认为是负向选择的结果（Hirvonen & Lilleør，2015），也可能带来负面影响（Woodruff & Zenteno，2001），而有案例研究表明，回流也可能是正向选择的结果（Dustmann & Kirchkamp，2007），回流者更可能是创业者（Piracha & Vadean，2010），带回的技术和储蓄（Dustmanna et al.，2011）。

上述成果给本书以重要启示，但有关省际流动农民工回流区位的研究成果还较少，而对回流区位的研究不仅是认识农民工空间流动规律的重要内容，而且在实践上对于回流区域制定相关政策具有重要意义。本书将主要从回流的区位分布及影响因素方面对此问题进行研究。此外，鉴于目前对农民工回流的概念尚无统一认识，本书将省际流动农民工回流定义为：农民工（农民外出至省外务工 6 个月以上）返回到本省且持续时间在 6 个月以上。

5.2.5.1 农民工回流区位特征

本村、本乡镇和本县城是省际流动农民工回流区位的主要选择地。

省际流动农民工的回流地域的行政范围主要包括本村、本乡镇（除本村外）、本县（除本乡镇外）、本市（除县外）、外市等5类。据调查统计，在这5类地域中，本村、本乡镇和县城成为农民工回流的首选。在所有样本中，回流至本村的153人，占比28.9%，回流至本乡镇的173人，占总样本数的32.7%，回流至本县城的157人，占比为29.7%，三者合计占到样本总数的91.3%，回流区位表现出高度的集中性。此外，回流至本市的仅有20人，占比3.8%，回流至外市的26人，占比4.9%（见表5-14）。

表5-14　　　　　　　　　　农民工回流区位分布　　　　　　　单位：人，%

区位	人数	比例	累计比例
本村	153	28.9	28.7
本乡镇	173	32.7	61.6
其中乡镇政府所在地	13	2.4	
本县	157	29.7	91.3
其中县城	148	28.1	
本市	20	3.8	95.1
外市	26	4.9	100

本乡镇、本县城和本村成为回流区位首选的主要原因在于，本乡镇和本县城这两个点位可以实现农民工离土不离乡的夙愿。首先，在空间距离上，乡镇和县城距离农民工所在村庄较近，其中，乡镇平均距离为5千米，县城平均距离12千米。由于距离很近，农民工外出务工所造成的社会网络的中断已不复存在，其拥有的社会资本在非农产业发展中将继续发挥作用。尤其是可以很方便地照顾家庭成员，如小孩、老人、配偶等，家庭社会关系并未因从事非农产业而断裂。实际上，中国农民工的外出务工行为遵从一个基本规律，即增加收入与务家之间的平衡，回流至本村、乡镇和县城很好地解决了务家问题。其次，在乡镇和县城具有从事非农产业的基本条件。县城和乡镇作为农村地域的中心地，具有

向其腹地提供服务的基本功能，聚集了大量的第三产业，可以承载较多的产业人口和劳动力。同时，在产业转移、县域经济发展等政策的推动下，不少乡镇和县城的第二产业功能日益增强，一些产业集聚区得到较好发展，企业不断增多，就业容纳能力得到提升。

回流至本村的农民工多为永久性回流，主要包括年龄较大者、身体有病者等。据调查统计，年龄大的劳动力面临高强度的工作身体可能会吃不消，选择回流到本村从事较为轻松的农活，农民工数 104 个，占被调查样本总数的 19.7%；一些务工者长期劳累，身体积攒了各种病痛，不得不回到当地休养生息，而不再外出打工，农民工数 27 个，占比为 5%。

本乡镇、县城成为农民工创业首选区位。农民工经过长期打拼，积累了一定的资金，人力资本也得到一定的提升，进而开始创业，主要是开办商店做小生意。据调查统计，此类创业者共 121 个，占全部回流者的 22.9%。由于村落内部消费市场狭小，这些创业活动很少在村内进行。创业区位选择在本市外县和市外的几乎没有，其原因主要与离家距离较远或社会资本缺乏有关。这些创业活动大多选择在本乡镇或县城，因为其克服了上述两个缺陷，可使创业活动得以进行并实现合理的利润。但总体来看，此类创业者属于少数，且从事的经济活动规模较小、范围有限。

本市、外市回流农民工较少。二者合计占到回流农民工的 8.7%。回流至本市外县的仅 20 例，占样本总数的 3.8%，可能与特殊的社会关系或外县能够提供工作岗位的原因有关；回流到市外的 26 例，占样本总数的 4.9%，主要是由于市外能够找到工作，且收入较高，同时家中无太大负担的原因。

5.2.5.2　影响因素分析

关于农村外出农民工回流决定因素的经验研究，已有研究分析的自变量主要是迁移者年龄、性别、教育程度、婚姻状况、户籍性质、人均耕地面积、在外流动时间、相对收入水平等（胡枫，史宇鹏，2013；丁月牙，2012）。此外，家庭特征对于农民工回流的作用也是社会学和经济学家的兴趣所在（张辉金，萧洪恩，2006；Dustmann，2003）。

本书将回流因素概括为个体因素、家庭因素、村庄因素、务工因素4类进行分析。其中，个体因素包括农民工的性别、年龄、婚否、受教育年限4个因子；家庭因素包含家庭人口总量、家庭中小学生数量、家庭代际数量、家庭幼儿数量、家庭农民工数量、家庭老人数量6个因子；村庄因素包含农民工人均收入、人均耕地面积、在本村的经济地位、村庄地形、距最近地级市的距离5个因子；务工地因素包含务工工种、务工地变量、务工公司环境污染情况3个因子。这些影响因子的赋值和含义如表5-15所示。

表5-15　　　　　　　　　　　　变量设计

指标	代号	变量	赋值/单位	含义
个人变量	X_1	性别	男性=1；女性=0	农民工本人的性别
	X_2	年龄	实际年龄/岁	调查时农民工的实际年龄
	X_3	受教育年限	实际值	农民工本人接受教育年限
	X_4	婚否	是=1；否=0	农民工本人调查时的婚姻状态，离异按1处理
家庭变量	X_5	家庭人口总量	实际人口/人	调查时农民工家庭实际人口数
	X_6	家庭中小学生数量	实际值/人	调查时农民工家庭实际中小学生数
	X_7	家庭代际数量	实际值/代	家庭由几代人构成
	X_8	家庭幼儿数量	实际值/人	农民工家庭中7岁以下的幼儿数量
	X_9	家庭农民工数量	实际值/人	农民工家庭中，男性16~60岁，女性16~55岁的健康人口数（学生除外）
	X_{10}	家庭老人数量	实际值/人	农民工家庭中，男性60岁以上，女性55岁以上的人口数量

续表

指标	代号	变量	赋值/单位	含义
村庄变量	X_{11}	人均耕地面积	实际值/亩	等于家庭总耕地面积除以家庭总人口
	X_{12}	在本村经济地位	好 = 1；好 = 2；中等 = 3；较差 = 4；很差 = 5	农民工家庭在本村的相对经济水平
	X_{13}	村农民人均纯收入	实际值/元	人均纯收入 = 农民工所在村总纯收入/总人口
	X_{14}	村庄地形	平原及盆地 = 1；丘陵 = 2；山地 = 3	农民工所在村庄的地形崎岖度分类
	X_{15}	距最近地级市的距离（公里）	实际值/千米	农民工所在村庄到最近地级市的距离
务工变量	X_{16}	务工地区位	中部 1；东部 2；西部 3；海外 4	省际外出农民工务工目的所在地带
	X_{17}	务工公司环境污染情况	无 = 0；较轻 = 1；中度 = 2；较重 = 3；严重 = 4	农民工回流前务工企业的环境污染情况
	X_{18}	务工工种	根据工种优良程度的分类*	农民工回流前主要从事的职业工种

注：*体力劳动为主的工厂工人和建筑工人 = 1；清洁工、洗车工为主的保洁人员 = 2；经商为主的老板 = 3；有一技之长的技工 = 4；售货员类 = 5。

基于现有的理论和研究文献，本书建立农民工回流影响因素的二元 Logistic 回归模型，并利用 Spss19.0 统计软件，采用极大似然估计方法建立农民工回流影响因素的二元 Logistic 模型，回归分析结果见表 5 - 16。其中，因变量定义为：农民工回流到本县为 1，留在县外为 0。

表 5 - 16　　　　　　　　模型运算结果

变量	回归系数	标准误差	统计量	自由度	P 值	Exp（B）
常量	- 3.061	1.841	2.765	1	0.096	0.047
X_1	0.041	0.381	0.012	1	0.913	1.042
X_2	0.059	0.024	6.034	1	0.014 **	1.060

变量	回归系数	标准误差	统计量	自由度	P 值	Exp（B）
X_3	0.146	0.101	2.098	1	0.148	1.158
X_4	0.129	0.536	0.058	1	0.810	1.138
X_5	0.303	0.245	1.539	1	0.215	1.354
X_6	0.409	0.211	3.764	1	0.052 *	1.505
X_7	0.410	0.453	0.821	1	0.365	1.507
X_8	0.565	0.405	1.943	1	0.163	1.759
X_9	−0.818	0.246	11.025	1	0.001 ***	0.441
X_{10}	−0.179	0.315	0.325	1	0.568	0.836
X_{11}	1.587	0.473	11.246	1	0.001 ***	4.888
X_{12}	0.288	0.241	1.424	1	0.233	1.334
X_{13}	0.000	0.000	0.720	1	0.396	1.000
X_{14}	0.443	0.319	1.920	1	0.166	1.557
X_{15}	0.002	0.004	0.209	1	0.647	1.002
X_{16}	−0.499	0.331	2.274	1	0.132	0.607
X_{17}	0.083	0.238	0.122	1	0.727	1.087
X_{18}	−0.071	0.130	0.302	1	0.583	0.931

注：***、**、*分别代表在 0.01、0.05、0.1 水平上显著相关。

从表 5 - 16 可以看出，农民工年龄、家庭中小学生数量、家庭农民工数量、人均耕地面积均达到了显著性水平。

个体变量中，农民工年龄达到了相应显著性水平。农民工年龄的回归系数为正，说明年龄越大的农民工越倾向于回流到当地，而年龄较小的农民工趋向于到外地大城市工作。这是由于年长的农民工，既要照顾幼儿，又需赡养老人，家庭负担相对较重，因此回流到当地照看家人或务农的概率较大；而年龄较小的农民工，多数向往城市生活，寻求刺激又充满挑战的生活，同时在一些经济发达地区就业工资收入较高，因此在城市工作的概率较大。通过对不同年龄阶段的农民工回流情况的交叉表也可以看出，随着年龄的增长，农民工选择回流的比重越大，越倾向于回流到当地（见表 5 - 17）。

表 5-17　　　　　　　　不同年龄段的农民工回流情况　　　　　　单位：人，%

年龄	回流人数	比例	未回流人数	比例	总计人数
20 岁以下	16	76	5	24	21
20~30 岁	138	86	22	14	160
30~40 岁	110	93	8	7	118
40~50 岁	142	95	8	5	150
50~60 岁	63	95	3	5	66
60 岁以上	14	100	0	0	14

　　家庭变量中，家庭中小学生数量和家庭农民工数量均达到显著性水平。家庭中小学生数量与农民工是否回流显著正相关，说明农民工家庭中小学生数量越多，农民工选择回流到当地的比重越大。从家庭中小学生数量与农民工是否回流的交叉表可以看出，家庭中有 1 个以下的中小学生，农民工选择回流的比重为 87%，家庭中有 2~4 个中小学生的农民工选择回流的比重达到 95%，家庭中有 5 个以上中小学生的农民工选择回流的比重为 100%，完全回流（见表 5-18）。这是因为，中小学生多的家庭，农民工要面临照顾学生、辅导学生的重担，更倾向于回流到本地。

表 5-18　　　　　家庭中不同中小学生数量的农民工回流情况　　　　单位：人，%

家庭中小学生数量	回流人数	比例	不回流人数	比例	合计人数
1 人以下	235	87	36	13	271
2~4	211	95	10	5	221
5 人以上	10	100	0	0	10

　　家庭农民工数量与是否回流显著负相关，说明家庭农民工数量越多，农民工在外地工作的概率越大，回流到本地的概率越小。这是由于劳动力较多的家庭，可以相互分担家庭的压力，农民工照顾家庭和处理

家庭日常事务的负担较小，从而可以选择长时间在收入较高、就业机会较多的大城市务工。中国农民工的务工机制，实际上取决于外出务工收益和务家之间的平衡，且以务家为前提条件和基本选项，即外出务工主要是为了增加家庭收入，弥补家庭收支赤字，当家庭成员需要时，农民工就会选择回流。

村庄变量中，人均耕地面积达到显著性水平。人均耕地面积与是否回流显著正相关，说明农户拥有的人均耕地面积越大，越倾向于回流到本地。这是因为耕地是农民的根本，耕地面积越大，农产品产量越多，农业产业收益越大。相反，如果耕地面积越小，农户的基本生存得不到保障，农民工就不愿意回流到当地务农。农民工在空间位置取决于不同区位推拉力的对比，如果本地的拉力增大，农民工就会选择在本地就业和生活，即回流，如果外地拉力增大，农民工就不会选择回流。

5.2.5.3 小结

随着我国区域经济格局的调整和变动，省际流动农民工空间分布格局在发生着重要的改变，回流已经成为农民工流动的重要过程，开展相关研究，对理解农民工的空间流动机制具有重要的现实意义。本书以抽样调查取得的 525 份农民工回流问卷数据，采用统计分布和二元 Logistic 模型对农民工的回流区位选择及影响因素进行了研究，可得到以下结论。

第一，本村、本乡镇和本县城成为省际流动农民工回流区位的主要选择地，本乡镇和县城也成为农民工回流创业首选的区位，而本市、外市回流农民工较少。整体上，农民工回流以负向选择为主，正向选择和创业选择所占比例较小。回流区位选择的主要机制是务家和经济收益的叠加，应大力发展乡镇和县域经济，使其成为农民"离土不离乡"的主要载体，从根本上解决剩余劳动力转移问题。

第二，影响省际流动农民工回流区位选择的主要因素为农民工年龄、家庭中小学生数量、家庭农民工数量、人均耕地面积等。其中，年龄、家庭中小学生数量、人均耕地面积与回流区位呈显著正相关关系，家庭农民工数量与回流区位呈显著的负相关关系。农民工流动与回流实际上均为农民工在空间中的位置选择与变动，其取决于不同区位的黏性大小，如果本地的黏性增大，农民工就会选择在本地就业和生活，即回流，如果外地黏性增大，农民工就不会选择回流而继续选择在外地务工。

5.3　回流农民工城市定居行为研究

5.3.1　定居行为分类说明

本书重点考察了回流农民工在城市购买住房的行为，住房是中国大多数城市实现永久迁移并定居的决定性条件，住房作为一种不动产也更能从行为上说明回流农民工的城市定居地点选择问题。所以本部分把城市定居行为简化为是否在城市购买了住房。

5.3.2　变量设计与说明

把回流农民工在城市的购房置业划分成已购买和未购买两种情形，其影响因素主要可以概括为个人特征、家庭特征、务工特征和社区特征四大类变量，其中个人特征变量包括性别、年龄、受教育程度、婚姻状况、城镇定居期望等因子；农民工家庭特征主要包括家庭人口量、幼儿数量（7 岁前）、劳动力数量、老人数量（60 岁以上）、好耕地数量、家庭几代人、家庭中小学生数量、家庭大中专学生数量等因子；农民工务工特征主要包括外出务工年限、技能、5 年来务工地点数量、五年来务工企业数量、回流前务工地点类型、回流前务工工种等因子（高更和等，2009）；农民工社区特征主要包括在本村经济地位、本村人均收入元、地形、距最近地级市的距离、距最近县城的距离等因子。每个因子的具体含义及赋值统计方法见表5－19。

表5－19 　　　　　　　　　　**变量设计说明**

变量	赋值	含义
城市购房情况	已购买，1；未购买，0	在县城及以上行政中心购房情况
在城市购房计划	已购买，2；近期有，1；没有，0	在县城及以上行政中心购房情况
回流城乡	城市，1；乡村，0	从外地城市返乡选择的地点
意愿回流城乡	城市，1；乡村，0	理想的返乡地点
性别	男性，1；女性，0	务工者的性别
年龄	实际年龄，单位：岁	务工者的实际年龄
受教育程度	受教育等级，0～5分别表示文盲、小学、初中、高中、大专、本科	农民工所接受的国民序列教育等级
婚姻状况	已婚，1；未婚，0	务工者的实际婚姻状况
城市定居期望	希望，1；不希望，0	务工者是否期望定居到城市
家庭人口量	家庭实际人口数量，单位：人	务工者家庭实际总人口数
幼儿数量（7岁前）	家庭实际幼儿数量，单位：人	务工者家庭实际幼儿数量
劳动力数量	家庭15～60岁劳力数，单位：人	务工者家庭实际劳动力数量
老人数量（60岁以上）	家庭60岁以上老人数，单位：人	务工者家庭实际老人数量
好耕地数量	好耕地亩数，单位：亩	务工者家庭拥有的好耕地数量
家庭几代人	实际代数，单位：代	务工者家庭代际数
家庭中小学生数量	实际个数，单位：人	务工者家庭实际拥有的中小学生数
家庭大中专学生数量	实际个数，单位：人	务工者家庭实际拥有的大中专学生数
外出务工年限	实际年数，单位：年	务工者外出打工的总年数，估计值
技能	有，1；无，0	务工者是否有一技之长
5年来务工地点数量（个）	实际数量，单位：个	5年来务工者的务工地点变换数量
5年来务工企业数量（个）	实际数量，单位：个	5年来务工者的务工企业变换数量
回流前务工地点类型	城区（此处指县城以上），1；县城，2；村镇，3；乡村，4	回流前务工者打工地的行政等级
回流前务工工种	有技术工种，1；无技术工种，0	回流前务工者从事工作的技术性
在本村经济地位	好，1；较好，2；中等，3；较差4；很差，5	务工者在本村的经济地位情况

变量	赋值	含义
本村人均收入（元）	实际平均收入，单位：元	务工者所在村庄人均收入情况，估计值
地形	平原，1；丘陵，2；山地，3	务工者所在村庄的地形情况
距最近地级市的距离	实际距离，单位：公里	务工者距离最近地级市的距离
距最近县城的距离	实际距离，单位：公里	务工者距离最近县城的距离

5.3.3 回流农民工城市定居基本特征比较

通过对调研数据的整理分析，根据回流农民工是否在城市购买住房的不同，把样本划分为在城市（地级市、县城、区域工商业中心）购买了住房的农民工，和未购买的农民工，并从农民工个人特征、家庭特征、务工特征和社区特征四个方面进行比较，具体结果见表5-20。

表5-20　　回流农民工城市定居（购房与否）基本特征比较

分类	全部回流农民工		城市购房的农民工		城市未购房的农民工	
	均值	标准差	均值	标准差	均值	标准差
农民工个人特征：						
性别	0.67	0.472	0.74	0.440	0.65	0.478
年龄（年）	37.81	12.044	38.07	11.415	37.74	12.214
受教育程度	1.77	0.744	1.85	0.681	1.74	0.759
婚姻状况	0.84	0.364	0.94	0.231	0.82	0.387
城镇定居期望	0.66	0.473	0.71	0.454	0.65	0.478
农民工家庭特征：						
家庭人口量（个）	5.37	2.125	6.00	2.087	5.20	2.107
家庭幼儿数量（7岁前）	0.55	0.731	0.66	0.787	0.52	0.714
家庭劳动力数量（人）	3.21	1.524	3.33	1.491	3.18	1.532
家庭老人数量（60岁以上）	0.80	1.010	1.19	1.226	0.70	0.921
家庭好耕地数量	3.85	2.652	4.03	3.010	3.80	2.552
家庭几代人	2.60	0.608	2.81	0.587	2.55	0.603
家庭中小学生数量（人）	1.26	2.961	1.24	1.126	1.27	3.274

分类	全部回流农民工		城市购房的农民工		城市未购房的农民工	
	均值	标准差	均值	标准差	均值	标准差
家庭大中专学生数（人）	0.32	0.573	0.34	0.614	0.31	0.563
农民工务工特征：						
外出务工年限	8.27	6.888	8.69	5.433	8.15	7.219
技能	0.58	0.494	0.61	0.490	0.57	0.495
5年来务工地点数（个）	2.51	1.632	2.53	1.544	2.51	1.656
5年来务工企业数（个）	2.46	1.940	2.45	1.779	2.46	1.982
回流前务工地点类型	1.36	0.634	1.32	0.695	1.36	0.617
回流前务工工种	0.38	0.485	0.36	0.483	0.38	0.486
农民工社区特征：						
在本村经济地位	2.85	0.741	2.51	0.690	2.94	0.729
本村人均收入（元）	2764.38	1803.677	3091.67	2326.850	2679.62	1634.085
地形	1.51	0.800	1.59	0.843	1.48	0.788
距最近地级市的距离	89.28	89.562	117.95	115.354	81.62	79.756
距最近县城的距离	18.33	14.091	14.92	9.086	19.24	15.032

农民工的个人特征：从性别来看，在城市购房的农民工中，男性在城市购房的可能性高于女性，其原因可能是由于农村婚嫁中男性农民工需要提供住房所引起；从年龄来看，在本地城市购房的农民工其年龄相对大于未购房的农民工，其可能的原因是年纪较大的农民工在外打工时间较长，有了一定的资金积累。也可能是较小年龄的农民工更倾向于去大城市定居，但又未实现大城市定居梦，作为一个现代社会竞争的失败者而被迫回流，却又不愿意在小城市；从受教育程度来看，城市购房的农民工其学历均值高于未购房的回流者，说明学历越高其在城市购买住房的可能性越大，其原因可能是因受教育年限的增加，增加了其在社会竞争中的竞争力，收入也相对较高，进而在资金上支持其到城市去购房。也可能是因为受教育年限的增加，在观念上其更容易融入城市生活导致其决定在城市购房。从婚姻状况来看，已婚者在城市购买住房的比例要高于未婚者，其原因可能是已婚者更需要在城市拥有住房，其婚前

"丈母娘"的要求也可能提高了这一水平；城市定居期望对是否在城市购房有显著影响，哪些期望在城市定居的回流农民工在城市购房的比率要大于不期望在城市定居的回流农民工。

农民工的家庭特征：从家庭人口数量来看，家庭人口数较多的家庭在城市购房的比率高于人口少的家庭，其原因可能是人口多的家庭其家庭总体支付能力较强；从家庭幼儿数量来看，幼儿数量较多的家庭其在城市购房的概率要大于幼儿数量较少的家庭，其原因可能是幼儿数量的增加增强了家庭的教育需求，而城市可以提供比农村更好的教育；从家庭劳动力方面来看，劳动力多的家庭在城市购房的概率大于劳动力少的家庭，可能的原因是较多的劳动力为家庭购房资金积累做出了贡献；从家庭老人数量来看，老人数量越多的家庭其在城市购房的比率越高，其原因可能是老人数量较多的家庭需要更多的照顾，回流者为了照顾家乡的老人同时不放弃城市生活，选择在本地城市购房。从家庭的好耕地数量来看，好耕地数量较多的家庭在城市购房的比率要高于好耕地数量少的家庭，或许是好耕地的高产出对家庭财富的积累起到了积极贡献。从家庭的人口代数来看，代数越多的家庭在城市购房的比率越高，家庭代数对在城市购房有正向影响；从家庭的中小学生数量来看，家庭中小学生数量较少的家庭在城市的购房比率较高，可能是家庭中小学生数量较少的家庭相对抚养经费较充足、负担较轻，使得他们有更多的财力在城市购房，也可能与家庭生命周期有关。从家庭大中专学生数来看，大中专学生数量越多的家庭其在城市购房的比率越高，可能是家中的大中专生未来需要在城市定居的需求激励了家庭在城市购买住房。

农民工务工特征：从外出务工年限来看，务工年限越多的回流农民工其在城市购买住房的比率越高，可能的原因是外出务工年限越多其挣回的工钱越多；从技能方面来看，有技能的回流农民工在城市购买住房的比率要高于无技能的回流农民工，可能是城市对这些有技能的人来说更容易生存且更容易发挥其价值，也可能是拥有技能的人资金积累更好；5 年来务工地点个数越多的回流农民工其在城市购房的比率相对越高，可能是经常变换地点者更活跃，更能根据自身情况找到工资更高的地区；5 年来务工企业数越少的回流农民工其在城市购买住房的比率越高，可能的原因是较少的务工企业增加了其业务积累，也相对能拿到高一点的薪资；从回流前务工地点类型来看，越是在大城市、特大城市打工的回流农民工其回流后在城市购买住房的比率越高，可能是大城市的打工在观念和资金积累支撑了其回流后的购房行为。令人意外的是从回流前的务工工种角度来看，非技术岗位工作的回流农民工在城市购房的比率要高于技术岗位工作的回流农民工。

农民工社区特征：从回流农民工在本村经济地位的情况来看，在本村经济地位较高的家庭在城市购房的比率更高，可见好的经济条件能够促进回流者在城市购房；人均收入越高的村子，其回流者在城市购房的比率越高，可能是较好的经济条件增加了其在城市购房的能力；从地形上来看，越是条件较差的丘陵、山地区域的回流者其在城市购房的比率越高，可能的原因是较差的地理条件给回流者了改变居住地更大的动力；从距离上来看，距离最近地级市的距离越远、距离县城越近的回流者在城市购买住房的比率更高，原因尚难以推断，这是一个值得继续研究的课题。

5.3.4　回流农民工城市定居行为的实证分析

把回流农民工在城市的购房置业划分成已购买和未购买两种情形，采用 Spss19.0 中的二元 Logistic 回归分析，将外出务工农民的个人特征、家庭特征、务工特征和社区特征逐步引入，可以得到四个模型，其估计参数见表 5 - 21。

表 5 - 21　回流农民工城市购房置业的估计结果

因子类	因子	模型 1 系数	模型 1 显著性水平	模型 2 系数	模型 2 显著性水平	模型 3 系数	模型 3 显著性水平	模型 4 系数	模型 4 显著性水平
个人特征	性别	0.425	0.102	0.445	0.103	0.492 *	0.089	0.613 *	0.062
	年龄	-0.010	0.393	-0.018	0.159	-0.016	0.274	-0.043 **	0.014
	受教育程度	0.238	0.141	0.102	0.560	0.123	0.485	-0.132	0.568
	婚姻状况	1.689 ***	0.000	1.781 ***	0.000	1.824 ***	0.000	2.284 ***	0.000
	城镇定居期望	0.909 ***	0.000	0.991 ***	0.000	0.974 ***	0.000	0.783 ***	0.008
家庭特征	家庭人口量			0.014	0.921	0.033	0.819	-0.297 *	0.097
	家庭幼儿数量			-0.117	0.563	-0.130	0.531	0.202	0.393
	家庭劳动力数量			0.131	0.339	0.108	0.441	0.256	0.118
	家庭老人数量			0.371 **	0.031	0.367 **	0.035	0.535 ***	0.007
	家庭好耕地数量			-0.037	0.506	-0.035	0.557	-0.018	0.809
	家庭儿代人			0.255	0.345	0.323	0.240	0.360	0.280
	家庭中小学生数量			-0.016	0.893	-0.030	0.810	0.197	0.182
	家庭大中专学生数量			-0.061	0.794	-0.035	0.881	0.144	0.589
务工特征	外出务工年限					-0.001	0.970	0.004	0.874
	技能					-0.055	0.837	-0.214	0.558
	5 年来务工地点数量					0.029	0.779	0.033	0.784
	5 年来务工企业数量					-0.049	0.618	-0.032	0.778
	回流前务工地点类型					-0.118	0.548	-0.139	0.547
	回流前务工工种					-0.353	0.177	-0.295	0.341

续表

因子类	因子	模型1		模型2		模型3		模型4	
		系数	显著性水平	系数	显著性水平	系数	显著性水平	系数	显著性水平
社区特征	在本村经济地位							-1.065***	0.000
	本村人均收入（元）							0.000	0.736
	地形							0.238	0.351
	距最近地级市的距离							0.004*	0.067
	距最近县城的距离							-0.078***	0.000
	常量	-3.909	0.000	-4.797	0.000	-4.802	0.000	0.374	0.818
	模型综合检验显著性水平		0.000		0.000		0.000		0.000
	Nagelkerke R^2		0.106		0.163		0.171		0.325
	总百分率的符合率		79.9		80.2		80.4		82.3

注：①因变量：未购买，0；已购买，1。
②*** 显著性水平为0.01，** 显著性水平为0.05，* 显著性水平为0.1。

模型 1 为对回流农民工个人特征回归分析的结果。从中可以看出性别、年龄、受教育程度、婚姻状况、城镇定居期望均被纳入模型中，婚姻状况、城镇定居期望两个因素达到了显著水平。婚姻状况的系数为正数，说明了越是已婚的回流农民工其返乡后在城市购房的概率越大。分析其可能的原因是婚姻提高了家庭的支付能力，也可能是乡村婚姻中女方对男方要求在县城有房的普遍要求提高了已婚者在城市的有房概率。城镇定居期望为正值，说明了返乡的回流农民工中越是在城镇定居期望高的人其在城市购买住房的概率越大。

以上分析仅仅对回流农民工的个人特征进行了研究分析，得出的结论也可能与真实情况有较大出入。

模型 2 为在回流农民工个人特征的基础上加入家庭特征后的回归结果，加入家庭特征后模型的拟合度有所提高，Nagelkerke R^2 由 0.106 提高到 0.163，模型中总百分率的符合率也由 79.9 提高到 80.2，模型的显著水平依然为 0.000。

在模型 2 中达到显著水平的特征因素有婚姻状况、城镇定居期望、家庭老人数量。与模型 1 比较，婚姻状况、城镇定居期望两个特征仍然维持了其显著性。家庭老人数量的系数为正数，说明了越是家庭老人数量多的家庭其返乡后在城市购买了住房的概率越大，可能的原因是因为家庭老人需要照顾决定了回流者外出大城市打工的可能性变小，回流者此时又不太愿意永久居住农村，那么回流后在本地的城市购买住房已经成了一种迫切的选择。

模型 2 的分析主要考虑了个人特征和家庭特征两方面的因素，可能有一定的片面性。

模型 3 是在回流农民工的个人特征、家庭特征的基础上加入回流农民工务工特征后回归的结果。经过三次迭代，模型停止了运算，加入务工特征因素后，模型的拟合度有稍微提高，Nagelkerke R^2 由 0.163 提高到 0.171，模型中总百分率的符合率从 80.2 提高到 80.4。模型的显著水平依然为 0.000。

在模型 3 中性别、婚姻状况、城镇定居期望、家庭老人数量 4 个因子达到了显著水平。其中与模型 2 相比，婚姻状况、城镇定居期望、家庭老人数量 3 个因子维持了其显著性，性别为新晋显著因子，这反映了在考虑较多因素时，回流农民工决定是否在城市购房时会综合考虑各因素来进行决策。性别的系数为正，说明了男性被调查者其在城市购房的概率大于女性，其可能的原因是在乡村观念中男性是家庭的主体，男性在城市购房置业中更能得到家庭的支持。也可能是男性迫于婚姻等压力被迫在城市购房。

模型 3 的分析主要考虑了回流农民工的个人特征、家庭特征和务工特征，仍然可能存在片面性。

模型 4 是在回流农民工的个人特征、家庭特征和务工特征的基础上加入回流农民工社区特征后回归的结果。经过六次迭代，模型停止了运算，加入社区特征因素后，模型的拟合度有所提高，Nagelkerke R^2 由 0.171 提高到 0.325，模型中总百分率的符合率也由 80.4 提高到 82.3。模型的显著水平依然为 0.000。

模型 4 中性别、婚姻状况、城镇定居期望、家庭老人数量、年龄、家庭人口数量、在本村经济地位、距最近地级市的距离、距最近县城的距离等因子均达到了显著水平。比较模型 3，性别、婚姻状况、城镇定居期望、家庭老人数量等因子继续维持了其显著性。作为回流农民工个人特征的年龄其系数为负数，显示了年龄相对小者在城市已购买住房的概率比较大。其原因可能是年轻一代的农民工对城市文明融入程度相对更高且他们已经对乡村居住不太适应。也有可能更多的年轻人获得了家庭资助的婚嫁资本提升了他们在城市购房的能力。家庭人口数量系数为负数，说明了越是家庭人口数量少的家庭其在城市购买住房的概率越大。其可能的原因是家庭人口少的家庭多为新兴家庭，也就是年轻人多的家庭，他们的支付能力、城市适应能力、接受城市文化洗礼的程度均较高。在本村经济地位的系数为负数，说明了越是经济地位较好的回流农民工其返乡后在城市购房的概率越大。原因可能是好的经济条件提高了其支付能力。距最近地级市的距离的系数为正数，说明了越是距离地级市远的回流农民工其在城市购买了住房的概率越大。可能的原因是距离地级城市过远，使得回流到本地的返乡农民工更加渴望成为城里人，而距离适中的回流者并没有那么强烈的愿望。距最近县城的距离的系数为负数，说明了越是距离县城较近的回流者其在城市购买住房的概率越大。可能的原因是离县城较近的回流者受县城影响较大，容易融入县城生活且距离县城较近的家庭在县城购买住房即使入住其也便于照看自家的土地和老家。距离地级市和县城的"距离"其相关因子正负方向相反，这也说明"距离"对不同层级的行政中心所带来的回流农民工是否城市购房的响应不尽一致。

总之，影响回流农民工城市购房置业的主要因素是性别、婚姻状况、城镇定居期望、家庭老人数量、年龄、家庭人口数量、在本村经济地位、距最近地级市的距离、距最近县城的距离等因子。男性、年龄较小、已婚、期望定居城市、家庭人口较少、家庭老人数量较多、在本村经济地位较好、距离县城较近、距离所在地级市较远者在城市购房的概率较大，反之则反。

5.3.5　农民工回流与区域城市化

从统计的结果来看，回流的农民工种既包括返回本地城市的农民工也包括回流到乡村的农民工。单从回流后所处的地点来看有回流城市192人，回流乡村333人；回流者在城市购房置业的情况是有20.2%的回流农民工已经在城市购买了住房，有35.4%的回流者计划近期在城市购买住房；回流人口中有66.3%的回流者期望定居在城市。事实上，这些回流的人们给本地生产生活带来了重大的影响。

对城市的影响主要包括：从大城市回流到本地城市的农民工给本地城市注入了新的活力，使得区域中小城市有了繁荣的人口基础；很多人带回了大城市的营生方式，丰富了区域中小城市的服务业，给这里的人们带来了更多的生活便利；近年来中小城市加紧了对沿海大城市产业转移的承接，回流的农民工弥补了本地产业工人的短缺，有的还是成熟的产业工人，他们对本地工业的兴起具有显著的积极意义；回流农民工带回了其在外地打工所得的大量资本，注入本地中小城市后，使得本地消费逐步兴旺起来，进而推动新的投资，活跃区域经济。

回流农民工给本地城市带来的人口的增加，工商业的逐步繁荣推动了区域中小城市的快速城市化。事实上从对回流农民工希望定居城市等级分类来看，回流的农民工有 37.2% 的人期望居住在本地县城，有 18.6% 的人期望定居在本地地级市，紧跟其后的是本省省城 8.1% 和外省省城 15.3%，仅仅从期望的情况来看，区域中小城市的发展仍然具有很大空间。

5.4 结　论

5.4.1　研究结论

本章从行为视角考察回流农民工回流的区位选择问题，主要研究了两个方面：一个是回流地点的行为选择；另一个是回流后购房置业的情况。也简单探讨了农民工回流与区域城市化的问题。本章的主要研究结论如下：

（1）影响回流农民工回流区位选择的主要因素是年龄、婚姻状况、家庭好耕地数量、家庭大中专学生数量、回流前务工工种、距离最近地级市的距离和距离最近县城的距离等因子。年龄较小者、未婚者、家庭好耕地数量较少者、家庭大中专学生较多者、回流前务工工种技术含量低者、距离最近地级市的距离较远和距离最近县城的距离较近者回流到城市的概率较大，反之则反。

（2）影响回流农民工城市购房置业的主要因素是性别、婚姻状况、城镇定居期望、家庭老人数量、年龄、家庭人口数量、在本村经济地位、距最近地级市的距离、距最近县城的距离等因子。男性、年龄较小、已婚、期望定居城市、家庭人口较少、家庭老人数量较多、在本村经济地位较好、距离县城较近、距离所在地级市较远者在城市购房的概率较大，反之则反。

（3）回流农民工对促进区域中小城市的繁荣带来了积极影响。从回流后所处的地点来看有回流城市 192 人，回流乡村 333 人；回流者在城市购房置业的情况是有 20.2% 的回流农民工已经在城市购买了住房，有35.4% 的回流者计划近期在城市购买住房；回流人口中有 66.3% 的回流者期望定居在城市。事实上，回流农民工给区域中小城市带来了繁荣的人口基础，他们期望的安居乐业也逐步在中小城市生根发芽。

（4）本村、本乡镇和本县城成为省际流动农民工回流区位的主要选择地，本乡镇和县城也成为农民工回流创业首选的区位，而本市、外市回流农民工较少。整体上，农民工回流以负向选择为主，正向选择和创业选择所占比例较小。回流区位选择的主要机制是务家和经济收益的叠合，应大力发展乡镇和县域经济，使其成为农民"离土不离乡"的主要载体，从根本上解决剩余劳动力转移问题。

（5）影响省际流动农民工回流区位选择的主要因素为农民工年龄、家庭中小学生数量、家庭农民工数量、人均耕地面积等。其中，年龄、家庭中小学生数量、人均耕地面积与回流区位呈显著正相关关系，家庭农民工数量与回流区位呈显著的负相关关系。农民工流动与回流实际上均为农民工在空间中的位置选择与变动，其取决于不同区位的黏性大小，如果本地的黏性增大，农民工就会选择在本地就业和生活，即回流，如果外地黏性增大，农民工就不会选择回流而继续选择在外地务工。

5.4.2 政策建议

（1）鼓励农民工回流到城市的行为，促进本地城市的人口繁荣。区域中小城市应该采取具体措施，促进年龄较小者、未婚者、家庭好耕地数量较少者、家庭大中专学生较多者、回流前务工工种技术含量低者、距离最近地级市的距离较远和距离最近县城的距离较近者更多的回流到本地城市，以促进本地城市的人口繁荣。如可以推出房租补贴、再教育培训机会、创业补贴或税费优惠等系列措施。

（2）鼓励回流农民工的城市置业行为，适度扩容小城市规模。中小城市可以逐步推行一些鼓励回流农民工城市购房置业的优惠条件，特别是对男性、年龄较小、已婚、期望定居城市、家庭人口较少、家庭老人数量较多、在本村经济地位较好、距离县城较近、距离所在地级市较远者在城市购房的购房行为。这样一来对区域城市的扩容、基础设施建设、提高城市人口的住房自有率等都有较大的促进。

（3）加快劳动密集型产业的空间转移，促进产城融合。在我国经济社会发展的过程中一个非常不理想的结果是经济与社会发展的不同步、工业化发展与城市化发展的不同步。人口、资本和产业快速向大城市、特大城市的高度聚集使得我们也产生了一系列经济社会问题。回流的农民工或者是城市竞争的失败者，或者是我国户籍政策的受害者，不管怎样他们从外地回来了，但是经受城市洗礼的他们依然期望城市生活。新型城市化建设背景下我们需要解决一个与原来大城市相反的难题，与大城市有产业（企业的工厂）没家业（农民工的房子等）相比，来到中小城市我们可以更多地发现那里有家业没产业，所以加快把劳动密集型产业向中小城市转移，对中小城市的良性发展已然成为最重要的一个问题。

（4）鼓励回流农民工进行自主创业。在推动区域中小城市加快提供更多就业岗位的过程中，可以大力鼓励回流农民工利用其在外地学习的生产实践经验开展自主创业活动，自主解决就业和生计问题。

（5）加快顶层设计，在中小城市的发展中实践经济与社会同步发展。在我国每一座城市都存在的人口歧视政策中，大城市表现最强烈，中小城市则相对宽松。当然中小城市目前还没有面临大城市所面临的种种难以解决的问题。我国未来要实现的城乡均衡发展及我国的农民问题其核心都在城市，解决我国农村问题的关键是要继续稳妥地推进城市化，尤其在区域中小城市规模扩容中注重城市经济发展与城市社会发展并举，或许这是我们建设城乡更加公平、公正、合理社会秩序的一次新契机。

第 6 章

结论与政策建议

第一，农村人口有效流动呈现出由中部地区和西南地区向沿海、沿边流动的总趋势，农村人口流动指数与人口总量、流出存量显著负向关联，与经济总量、流入存量显著正向关联。

农村人口有效流动率是真实刻画农村人口流动的重要指标，建立在有效流动率基础上的农村人口流动指数既可以表示农村人口流动的方向，也可以表示流动的强度，更可方便地进行区域比较，是刻画和研究农村人口流动的科学方法和指标。农村人口有效流动呈现出由中部地区和西南地区向沿海、沿边流动的总趋势，有效流动率在全局上具有弱相关性，但这种相关的程度不高，局部上的低—低值聚集区分布于湖北、湖南、重庆、贵州、云南，高—低集中区分布于宁夏。农村人口流动指数的正值区主要分布于南部沿海、东部沿海、京津地区和新疆地区，负值区主要集中于中部地区和西南地区，由负值区进入正值区的农村人口流动构成了我国农村人口流动的主要方向和路径。农村人口流动指数在全国范围内基本不存在空间自相关关系，局域低—低值聚集区与有效流动率相似，但不包括湖南，局域高—低值聚集区分布和有效流动率相同。从五普到六普，农村人口有效流动率和人口流动指数空间分布均随社会发展和区域经济格局变化发生了相应变化。农村人口流动指数与人口总量、流出存量显著负向关联，与经济总量、流入存量显著正向关

144

联。农村人口流动的实质是农村人口应对人口压力的现实表现，农村人口流动方向由人口压力梯度决定，在流动目的地的选择中，由社会网络决定的链式流动是其主要机制，流动网络和流动惯性在中国特定的社会背景下具有普遍意义。发展地方经济，减轻人口压力，提供有效的就业信息、增加社会诚信度，是避免农村人口盲目流动的现实选择。

第二，省际人口流动成为河南省农村人口流动的主体，农村人口由总人口较多、经济落后、就业压力大的地区向经济发展、就业机会多、人口压力小的地区的流动是农村人口流动的一般规律，流动惯性是农村人口流动的重要机制。

作为经济较为落后的农业大省，省际人口流动成为农村人口流动的主体。省内流动中，农村人口辐散地和辐聚地均较为分散，但辐散地较多的集中于豫东、豫南等经济较为落后地区，辐聚地较多的集中于郑州、洛阳等经济较为发达地区。省际流动中，流出地和流入地也较为分散，但流出地主要集中于粤、浙、苏、京、沪等经济较为发达的地区，流入地主要为皖、鄂、鲁、冀、晋、苏、陕等周围毗邻地区。农村人口对流动目的地的选择是一个理性的动态过程，随着区域经济格局的再平衡而不断变化。距离对省际人口流动具有复杂的影响，一方面，从整体上看省际流出农村人口集中于1300千米的较近距离内；另一方面，流出量并不与距离呈负相关关系，同时，由外省区流入河南的农村人口数量却与距离呈正相关的关系。实际上，经济因素是农村人口流动的关键因素，距离因素的作用仅在自然流动中较为重要。影响省内各市净流动量的显著因素为各市经济总量和各市乡村人口数量，影响省际净流出量的显著因素为各省经济总量、各省净流出存量、各省非农就业人数和各省总人口。农村人口由总人口较多、经济落后、就业压力大的的地区向经济发展、就业机会多、人口压力小的地区的流动是农村人口流动的一般规律，流动惯性是农村人口流动的重要机制。

第三，距离和经济发展水平整体上决定着人口流动的基本方向，农民工的流动方向和务工地选择具有分散与集中相结合的特点。

区域农民工的流动方向和务工地选择具有分散与集中相结合的特征，务工距离分布较远且较为分散，距离较近的邻省分布有较多的河南农民工，地带尺度上的务工地集中现象明显。距离和经济发展水平整体上决定着人口流动的基本方向。在有限理性的务工地区位决策中，不同区域具有不同认知能力和掌握不同信息的农民工，根据自己和家庭最大效用目标进行的决策，必然导致分散的务工地选择。但同时，由于对较大的目的地劳动力容量认知共象的存在，造成农民工在特定地区的集中分布。距离决定着社会网络密度和家务管理成本，经济发展水平影响着工资水平的高低和就业机会的多少，二者成为决定整体流动方向的基本因素。政府应提供给农民工更充分的就业信息和提高其本身的人力资本，使其是市场化的劳务流动中趋于最优组合，实现农民工个人价值和劳动力缺乏地区经济发展的共赢。影响农民工务工地选择的显著因子为务工者年龄、教育程度、婚姻状况、家庭劳动力数量、人均耕地面积、村庄经济发展水平等。年龄较小者、教育程度较低者、已婚者选择在较大空间范围内务工的概率较大，反之亦然。家庭劳动力数量较多者、家庭人均耕地面积较大者选择在较大空间范围内务工的概率较大，而相反者选择在较小空间范围内务工的概率较大。村庄经济发展水平较低的农民工选择较大空间范围务工的可能性较大，而发展水平较高的农民工往往选择在较小空间范围内务工。家务管理是务工地选择的重要机制，较近的省内务工地是务工者的首选。政府应当大力发展地方经济，实现农民工本地就业，从而达到提高经济收入与家务管理的有机结合。

第四，务工地非稳定性较大，且行业之间存在较大差异，非稳定性直接影响农民工收入高低和农民工地方归属感。

农民工务工地非稳定性较大，且行业之间存在较大差异，尤其是在建筑业和非建筑业之间。务工企业也表现出较高的非稳定性，在务工企业变动的四种类型中，稳定和基本稳定所占比例较小。务工地企业区域黏性指数较小，区域流动成为农民工流动的基本特征，务工者通过不断的区域变换去实现自己收入的合理化和最大化。影响农民工务工地非稳定性的显著性因子主要是务工者性别、年龄、老人数量占比、耕地面积、村庄经济发展水平、村庄区位、务工行业类型、工资收入水平等。务工者为男性、年龄较小、老人数量占比较大、耕地面积较多、村庄经济发展水平较高、务工行业类型相对较差、工资收入水平相对较高的农民工，其务工地非稳定性的概率较大，反之亦然。农民工务工地是否稳定和是否流动，是农民工对自身务工行为决策的综合判断，是理性的，受到个人、家庭、村庄、务工地等多种经济和非经济因素、主观和客观因素的影响。

第五，农民工初终务工地的变动十分频繁，不同的务工年限区间具有不同的变化特征，务工空间惰性特征明显，出现了弱回归本地的现象。

农民工初终务工地的变动十分频繁。大多数务工者初终务工距离发生了明显改变，但在不同的务工年限区间具有不同的变化特征，较短务工年限段的弱趋近性与较长务工年限段的弱趋远性形成了鲜明的对比，而在务工地行政空间类型转换中，整体态势并未发生根本变化，空间惰性特征明显，但出现了弱回归本地的现象。区域经济发展改变农民工流动空间的雏形已开始显现，发展地方经济应成为解决人口跨区域流动的重要手段。影响初终务工地距离变动的显著因子为务工年限、初次务工距离、务工地点数量、性别、教育程度、家庭人口规模、家庭抚养比、村区位等。其中，务工年限较长者、初次务工距离较大者、教育程度较高者、家庭抚养比较大者务工地距离不变或变小的概率较大，而务工地点数量较多者、男性、家庭人口规模较大者、村区位较偏远者，务工地距离变远的概率较大，反之亦然。目前，多数农民工的务工行为和空间选择机制依然是增加收入和务家之间的平衡，农民工真正的市民化仍任重而道远。

第六，省际流动农民工空间回流已经成为农民工流动的重要过程，本村、本乡镇和本县城成为回流区位的主要选择地，本乡镇和县城也成为农民工回流创业首选的区位。

本村、本乡镇和本县城成为省际流动农民工回流区位的主要选择地，本乡镇和县城也成为农民工回流创业首选的区位，而本市、外市回流农民工较少。整体上，农民工回流以负向选择为主，正向选择和创业选择所占比例较小。回流区位选择的主要机制是务家和经济收益的叠合，应大力发展乡镇和县域经济，使其成为农民"离土不离乡"的主要载体，从根本上解决剩余劳动力转移问题。影响省际流动农民工回流区位选择的主要因素为农民工年龄、家庭中小学生数量、家庭农民工数量、人均耕地面积等。其中，年龄、家庭中小学生数量、人均耕地面积与回流区位呈显著正相关关系，家庭农民工数量与回流区位呈显著的负相关关系。农民工流动与回流实际上均为农民工在空间中的位置选择与变动，其取决于不同区位的黏性大小，如果本地的黏性增大，农民工就会选择在本地就业和生活，即回流，如果外地黏性增大，农民工就不会选择回流而继续选择在外地务工。

第七，回流农民工对促进区域中小城市的繁荣带来了积极影响，影响回流区位选择的因素和影响农民工城市购房置业存在一定差距。

回流农民工对促进区域中小城市的繁荣带来了积极影响。从回流后所处的地点来看有回流城市 192 人，回流乡村 333 人；回流者在城市购房置业的情况是有 20.2% 的回流农民工已经在城市购买了住房，有 35.4% 的回流者计划近期在城市购买住房；回流人口中有 66.3% 的回流者期望定居在城市。事实上，回流农民工给区域中小城市带来了繁荣的人口基础，他们期望的安居乐业也逐步在中小城市生根发芽。影响回流农民工回流区位选择的主要因素是年龄、婚姻状况、家庭好耕地数量、家庭大中专学生数量、回流前务工工种、距离最近地级市的距离和距离最近县城的距离等因子。年龄较小者、未婚者、家庭好耕地数量较少者、家庭大中专学生较多者、回流前务工工种技术含量低者、距离最近地级市的距离较远和距离最近县城的距离较近者回流到城市的概率较大，反之则反。影响回流农民工城市购房置业的主要因素是性别、婚姻状况、城镇定居期望、家庭老人数量、年龄、家庭人口数量、在本村经济地位、距最近地级市的距离、距最近县城的距离等因子。男性、年龄较小、已婚、期望定居城市、家庭人口较少、家庭老人数量较多、在本村经济地位较好、距离县城较近、距离所在地级市较远者在城市购房的概率较大，反之则反。

附录1

农民外出务工调查问卷（长表）

————————村农民外出务工调查问卷（长表）

尊敬的被调查人：您好！我是河南财经政法大学的学生，学校安排了寒假社会调查任务，想了解你外出打工的情况。所得资料，仅用于科研之用，没有姓名登记，为你绝对保密，请放心。你已为和谐社会建设做出了贡献。谢谢！ 调查人签名：————————

一、务工者本人概况

编号	性别	年龄	学历	婚否	外出务工年限
10年来务工地点数量（个）	10年来务工企业数量（个）	5年来务工地点数量（个）	5年来务工企业数量（个）		

二、务工者所在家庭概况

人口总量	中小学生数量	大中专学生数量	几代人	幼儿数量（7岁以前）
劳动力数量（15～60岁）	老人数量（60岁以上）	好地耕地数量（亩）	差地耕地数量（亩）	在本村经济地位

三、现在务工情况

1. 务工地点与企业　地点类型：①城区；②县城；③农村中的镇；④农村中的乡村。

150

_____省_____市_____区（县）_____厂（公司），该公司主要产品或服务是：_____。该公司环境污染情况：①无；②较轻；③中度；④较重；⑤严重。

2. 务工工种：_____。

3. 务工时间长短（月）_____；从何年何月开始：_____。

4. 为什么选择此地此企业务工（10~20字以上）：_____
_____。

5. 你为什么不在当地（外地）打工（10~20字以上）：_____
_____。

6. 今年准备换地方、换企业吗？为什么？_____
_____。

7. 你认为在哪里打工最好（最希望在哪里打工）？为什么？_____
_____。

8. 希望在城市里面定居吗？希望在哪个城镇定居？目前不能定居的主要原因是（10~20字以上）：_____
_____。

9. 在城镇中购住房了吗？如无，有无购买计划（10~20字以上）：_____
_____。

四、现在之前最近一次务工情况

1. 务工地点：　地点类型：①城区；②县城；③农村中的镇；④农村中的乡村。

_____省_____市_____区（县）_____厂（公司）

2. 务工工种：_____。

3. 为什么选择此地此企业务工（10~20字以上）：_____
_____。

4. 务工时间长短（月）_____；从何年何月开始：_____；何

年何月离开：_____。

5. 为什么离开了该企业（20 字以上）：_____

_____。

五、初次（第一次）务工情况

1. 务工地点： 地点类型：①城区；②县城；③农村中的镇；④农村中的乡村。

_____省_____市_____区（县）_____厂（公司）

2. 务工工种：_____。

3. 为什么选择此地此企业务工（10～20 字以上）：_____

_____。

4. 务工时间长短（月）_____；从何年何月开始：_____；何年何月离开：_____。

5. 为什么离开了该企业（20 字以上）：_____

_____。

六、第二次务工情况（以下务工经历，如果很多，只填写 2003 年 1 月 1 日以来的情况）

1. 务工地点： 地点类型：①城区；②县城；③农村中的镇；④农村中的乡村。

_____省_____市_____区（县）_____乡_____街道

_____厂（公司）

2. 务工工种：_____。

3. 为什么选择此地此企业务工（10～20 字以上）：_____

_____。

4. 务工时间长短（月）_____；从何年何月开始：_____；何年何月离开：_____。

5. 为什么离开了该企业（20 字以上）：_____

_____。

七、第三次务工情况

1. 务工地点：　地点类型：①城区；②县城；③农村中的镇；④农村中的乡村。

_____省_____市_____区（县）_____厂（公司）

2. 务工工种：_____。

3. 为什么选择此地此企业务工（10～20字以上）：_____

_____。

4. 务工时间长短（月）_____；从何年何月开始：_____；何年何月离开：_____。

5. 为什么离开了该企业（20字以上）：_____

_____。

八、第四次务工情况

1. 务工地点：　地点类型：①城区；②县城；③农村中的镇；④农村中的乡村。

_____省_____市_____区（县）_____厂（公司）

2. 务工工种：_____。

3. 为什么选择此地此企业务工（10～20字以上）：_____

_____。

4. 务工时间长短（月）_____；从何年何月开始：_____；何年何月离开：_____。

5. 为什么离开了该企业（20字以上）：_____

_____。

如务工次数较多，可自行增加第 N 次务工情况。

附录 2

农民外出务工调查问卷（短表）

_____村农民外出务工调查问卷（短表）

尊敬的被调查人：您好！我是河南财经政法大学的学生，学校安排了寒假社会调查任务，想了解你外出打工的情况。所得资料，仅用于科研之用，没有姓名登记，为你绝对保密，请放心。你已为和谐社会建设做出了贡献。谢谢！　　　　　　　　　调查人签名：_____

一、务工者本人概况

编号	性别	年龄	学历	婚否	外出务工年限	5 年来务工地点数量（个）	5 年来务工企业数量（个）

二、务工者所在家庭概况

人口总量	中小学生数量	大中专学生数量	几代人	幼儿数量（7 岁以前）
劳动力数量（15～60 岁）	老人数量（60 岁以上）	好地耕地数量（亩）	差地耕地数量（亩）	在本村经济地位

三、现在务工情况

1. 务工地点与企业　　地点类型：①城区；②县城；③农村中的镇；

154

④农村中的乡村。

_____省_____市_____区（县）_____厂（公司），该公司主要产品或服务是：_____。该公司环境污染情况：①无；②较轻；③中度；④较重；⑤严重。

2. 务工工种：_____。

3. 务工时间长短（月）_____；从何年何月开始：_____。

4. 为什么选择此地此企业务工（10～20字以上）：_____

_____。

5. 你为什么不在当地（外地）打工（10～20字以上）：_____

_____。

6. 今年准备换地方、换企业吗？为什么？_____

_____。

7. 你认为在哪里打工最好（最希望在哪里打工）？为什么？_____

_____。

8. 希望在城市里面定居吗？希望在哪个城镇定居？目前不能定居的主要原因是（10～20字以上）：_____

_____。

9. 在城镇中购住房了吗？如无，有无购买计划（10～20字以上）：

_____

_____。

四、初次（第一次）务工情况

1. 务工地点：　地点类型：①城区；②县城；③农村中的镇；④农村中的乡村。

_____省_____市_____区（县）_____厂（公司）

2. 务工工种：_____。

3. 为什么选择此地此企业务工（10～20字以上）：_____

_____。

4. 务工时间长短（月）_____；从何年何月开始：_____；何年何月离开：_____。

5. 为什么离开了该企业（20 字以上）：_____

_____。

附录 3

回流农民工调查问卷

_____村回流农民工调查问卷

尊敬的被调查人：您好！我是河南财经政法大学的学生，学校安排了寒假社会调查任务，想了解你外出打工的情况。所得资料，仅用于科研之用，没有姓名登记，为你绝对保密，请放心。你已为和谐社会建设做出了贡献。谢谢！　　　　　　　　调查人签名：_____

一、务工者本人概况

编号	性别	年龄	学历	婚否	外出务工年限	回流前5年来务工地点数量（个）	回流前5年来务工企业数量（个）

二、务工者所在家庭概况

人口总量	中小学生数量	大中专学生数量	几代人	幼儿数量（7岁以前）
劳动力数量（15~60岁）	老人数量（60岁以上）	好地耕地数量（亩）	差地耕地数量（亩）	在本村经济地位

三、回流原因及目前状况

1. 为什么不干了，回来了？什么时间回来的（10~20字以上）：

_____。

_____。

2. 回流后，从事什么生产经营活动？_____

_____。

四、回流前务工情况

1. 务工地点与企业　地点类型：①城区；②县城；③农村中的镇；④农村中的乡村。

_____省_____市_____区（县）_____厂（公司），该公司主要产品或服务是：_____。该公司环境污染情况：①无；②较轻；③中度；④较重；⑤严重。

2. 务工工种：_____。

3. 务工时间长短（月）_____；从何年何月开始：_____。

4. 为什么选择此地此企业务工（10～20字以上）：_____

_____。

5. 你为什么不在当地（外地）打工（10～20字以上）：_____

_____。

6. 今年准备换地方、换企业吗？为什么？_____

_____。

7. 你认为在哪里打工最好（最希望在哪里打工）？为什么？_____

_____。

8. 希望在城市里面定居吗？希望在哪个城镇定居？目前不能定居的主要原因是（10～20字以上）：_____

_____。

9. 在城镇中购住房了吗？如无，有无购买计划（10～20字以上）：

_____

_____。

五、初次（第一次）务工情况

1. 务工地点：　地点类型：①城区；②县城；③农村中的镇；④农

村中的乡村。

_____省_____市_____区（县）_____厂（公司）

2. 务工工种：_____。

3. 为什么选择此地此企业务工（10~20字以上）：_____
_____。

4. 务工时间长短（月）_____；从何年何月开始：_____；何年何月离开：_____。

5. 为什么离开了该企业（20字以上）：_____
_____。

参 考 文 献

［1］ Aldashev A. , Dietz B. Economic and spatial determinants of interregional migration in Kazakhstan ［J］. Economic Systems, 2014, 38 （3）: 379 – 396.

［2］ Alessia L. T. , Daniela M. , Matteo P. Offshoring and job stability: Evidence from Italian manufacturing ［J］. Structural Change and Economic Dynamic, 2013, 26 （C）: 27 – 46.

［3］ Amacher G. S. , Cruz W. , Grebner D. et al. Environmental motivations for migration: Population pressure, poverty, and deforestation in the Philippines ［J］. Land Economics, 1998, 74 （1）: 92 – 101.

［4］ Anderson W. P. , Papageorgiou Y. Y. An analysis of migration streams for the Canadian regional system 1952 – 1983: Migration probabilities ［J］. Geographical Analysis, 1994, （26）: 15 – 36.

［5］ Atramentova L. A. , Antsupova V. V. Spatial and geographic characteristics of marriage migration in the Lugansk population ［J］. Russian Journal of Genetics, 2007, 43 （3）: 309 – 314.

［6］ Atramentova L. A. , Filiptsova O. V. Spatial characteristics of marriage migration in the Belgorod population ［J］. Russian Journal of Genetics, 2005, 41 （5）: 553 – 562.

［7］ Au C. C. , Henderson J. V. How migration restrictions limit agglomeration and productivity in China ［J］. Journal of Development Economics,

2006，80（2）：350－388.

[8] Bao S.，Ãrn B. B.，Jack W. H. et al. Migration in China from 1985 to 2000 [J]. Chinese Economy，2009，42（4）：7－28.

[9] Bartel A. Where do the new U. S. immigrants live? [J]. Journal of Labor Economics，1989，7：371－391.

[10] Bauer T. K.，Epstein G. S.，Gang I. N. Herd effects or migration networks? The location choice of Mexican immigrants in the U. S. [DB/OL]. http：//papers. ssrn. com/sol3/papers. cfm? abstract_id = 327560. 2002－08－01/2012－08－08，2002.

[11] Bauer T.，Epstein G. S.，Gang I. N. Enclaves，language，and the location choice of migrants [J]. Journal of Population Economics，2005，18（4）：4649－4662.

[12] Bauer T.，Zimmermann K. F. Network migration of ethnic Germans [J]. International Migration Review，1997，31（1）：143－149.

[13] Becker G. S. Human capital and the personal distribution of income：An analytical. Woytinsky Lecture NO. 1 [DB/OL]. Institute of public Administration and Arbors，university of Michigan，1997.

[14] Bergmann A.，Mertens A. Job stability trends，lay-offs，and transitions to unemployment in West Germany [J]. Labour，2011，25（4）：421－446.

[15] Brochu P. The source of the new Canadian job stability patterns [J]. The Canadian Journal of Economics/Revue canadienne d'Economique，2013，46（2）：412－440.

[16] Chiswick B. R.，Lee Y. L.，Miller P. W. The determinants of the geographic concentration among immigrants：Application to Australia [J]. Australasian Journal of Regional Studies，2001，7（2）：125－150.

[17] Constant A. F.，Zimmermann K. F. Circular and repeat migration：

Counts of exits and years away from the host country [J]. Population Research and Policy Review, 2011, 30 (4): 495 – 515.

[18] Constant A. F. , Zimmermann K. F. The dynamics of repeat migration: A Markov chain analysis [J]. International Migration Review, 2012, 46 (2): 362 – 388.

[19] Cushing B. Location – specific amenities, equilibrium, and constraints on location choices [DB/OL]. http: //be. wvu. edu/phd_economics/pdf/04 – 09. pdf. 2004 – 08 – 30/2012 – 08 – 08.

[20] Daveri F. , Faini R. Where do migrants go? [J]. Oxford Economic Papers, 1999, 51 (4): 595 – 622.

[21] David A. P. , Mulligan G. F. Measuring spatial focusing in a migration system [J]. Demography, 1997, 34 (2): 251 – 262.

[22] Davis B. , Winters P. Gender, networks and Mexico – US migration [J]. Journal of Development Studies, 2001, 38 (2): 1 – 26.

[23] DeJong G. F. , Fawcett J. T. Motivations for migration: An assessment and value expectancy research model [A]. In DeJong G F, Gardner R. W. Migration decision making: Multidisciplinary approaches to microlevel studies in developed and developing countries. New York: Pergamon, 1981.

[24] Dustmann C. , Kirchkamp O. The optimal migration duration and activity choice after remigration [J]. Journal of development economics, 2002, 67 (2): 351 – 372.

[25] Dustmann C. Return migration, wage differentials and the optimal migration duration [J]. European Economic Review, 2003, 47 (2): 353 – 69.

[26] Dustmann C. Children and Return Migration [J]. Journal of Population Economics, 2003, 16 (4): 815 – 830.

[27] Dustmanna C. , Fadlonb I. , Weissc Y. Return migration, human

capital accumulation and the brain drain. Journal of Development Economics, 2011, 95 (1): 58 – 67.

[28] Dütsch M. , Struck O. Employment trajectories in Germany: Do firm characteristics and regional disparities matter? [J]. Journal for Labour Market Research, 2014, 47 (1 – 2): 107 – 127.

[29] Fafchamps M. Determinants of Choice of Migration Destination [EB/ OL]. http: //papers. ssrn. com/sol3/papers. cfm? abstract_id = 1276665. 2008 – 09 – 01/2012 – 08 – 08.

[30] Fan C. C. Interprovincial migration, population redistribution, and regional 1990 and 2000 census comparisons [J]. The Professional Geographer, 2005a, 57 (2): 17 – 30.

[31] Fan C. C. Modeling interprovincial migration in China, 1985 – 2000. Eurasian Geography and Economics, 2005b, 46 (3): 165 – 184.

[32] Fan L. Measuring interprovincial flows of human capital in China: 1995 – 2000 [J]. Population Research and Policy Review, 2009, 28 (3): 367 – 387.

[33] Fei J. C. H. , Ranis G. Growth and development from an evolutionary perspective [M]. Oxford: Basil Blackwell, 1997.

[34] Fountain C. , Stovel K. Turbulent careers: Social networks, employer hiring preferences, and job instability [J]. Analytical Sociology, 2014, 8: 339 – 370.

[35] Galle O. R. , Williams M. W. Metropolitan migration efficiency [J]. Demography, 1972, 9 (4): 655 – 664.

[36] Gaulé P. Who comes back and when? Return migration decisions of academic scientists [J]. Economics Letters, 2014, 124 (3): 461 – 464.

[37] Giannelli G. C. , Jaenichen U. , Villosio C. Have labor market reforms at the turn of the millennium changed the job and employment durations

of new entrants? ［J］. Journal of Labor Research, 2012, 33 (2): 143 – 172.

［38］ Gius M. The impact of job mobility on earnings: Using occupational and industrial classifications to identify job changes ［J］. International Review of Applied Economics, 2014, 28 (2): 181 – 190.

［39］ Gmelch G. Return migration ［J］. Annual Review of Anthropology, 1980, 9: 135 – 159.

［40］ Gustavus S. O., Brown L. A. Place attributes in a migration decision context ［J］. Environment and Planning A, 1977, 9 (5): 529 – 548.

［41］ Gutiérrez E., Sánchez L., Giorguli S. Accounting for spatial heterogeneity in educational outcomes and international migration in Mexico ［A］. In: Murgante B., et al. Computational science and its applications – ICCSA 2011, Part I, LNCS 6782. Berlin: Springer – Verlag Berlin Heidelberg. 2011.

［42］ Haan M. The place of place: Location and immigrant economic well-being in Canada ［J］. Population Research and Policy Review, 2008, 27 (6): 751 – 771.

［43］ Haug S. Migration networks and migration decision-making ［J］. Journal of Ethnic and Migration Studies, 2008, 34 (4): 585 – 605.

［44］ He J., Pooler J. The regional concentration of China's interprovincial migration flows, 1982 – 1990 ［J］. Population and Environment, 2002, 24 (2): 149 – 182.

［45］ Henry S., Boyle P., Lambin E. F. Modelling inter-provincial migration in Burkina Faso, West Africa: The role of socio-demographic and environmental factors ［J］. Applied Geography, 2003, 23 (2): 115 – 136.

［46］ Hirvonen K., Lilleør H. B. Going back home: Internal return migration in rural Tanzania ［J］. World Development, 2015, 70: 186 – 202.

［47］ Hodgkin M. C. The innovators: The role of foreign trained persons in Southeast Asia ［M］. Sydney: Sydney University Press. 1972.

［48］ Hu F. , Xu Z. , Chen Y. Circular migration, or permanent stay? Evidence from China's rural-urban migration ［J］. China Economic Review, 2011, 22 (1): 64 – 74.

［49］ Jaeger D. A. Local labor markets, admission categories, and immigrant location choice ［DB/OL］. http: //www. iza. org/conference _ files/amm_2004/jaeger_d138. pdf. 2004 – 06 – 25/2012 – 08 – 08.

［50］ Jagger P. , Shively G. , Arinaitwe A. Circular migration, small-scale logging, and household livelihoods in Uganda ［J］. Population and Environment, 2012, 34 (2): 235 – 256.

［51］ Junge V. , Diez J. R. , Schätzl L. Determinants and consequences of internal return migration in Thailand and Vietnam ［J］. World Development, 2015, 71: 94 – 106.

［52］ King R. Return migration: A neglected aspect of population geography ［J］. Area, 1978, 10 (3): 175 – 182.

［53］ Kırdar M. G. Labor market outcomes, savings accumulation, and return migration ［J］. Labour Economics, 2009, 16 (4): 418 – 428.

［54］ Knight J. , Yueh L. Job mobility of residents and migrants in urban China ［J］. Journal of Comparative Economics, 2004, 32 (4): 637 – 660.

［55］ Kontuly T. , Vogelsang R. , Schon K. P. et al. Political unification and regional consequences of German East-West migration ［J］. International Journal of Population Geography, 1997, 3 (1): 31 – 47.

［56］ Le A. T. Location, location, location: Where do immigrants reside in Australia? ［J］. Journal of International Migration and Integration, 2008, 9 (4): 345 – 362.

［57］ Lehmer F. , Ludsteck J. The returns to job mobility and inter-regional migration: Evidence from Germany [J]. Papers in Regional Science, 2011, 90 (3): 549 - 571.

[58] Lewer J. J. , Van den Berg H. A gravity model of immigration [J]. Economics Letters, 2008, 99 (1): 164 - 167.

[59] Lewis W. A. Economic development with unlimited supplies of labor [J]. Manchester School of Economic and Social Studies, 1954, 22: 139 - 191.

[60] Li P. L. Social network of rural migrants in China [J]. Social Sciences in China, 2003 (4): 138 - 148.

[61] Li S. Population migration and urbanization in China: A comparative analysis of the 1990 population census and the 1995 national one percent sample population survey [J]. International Migration Review, 2004, 38 (2): 655 - 685.

[62] Liang Z. , Ma Z. China's floating population: New evidence from the 2000 census [J]. Population and Development Review, 2004, 30 (3): 467 - 488.

[63] Liu C. , Kuninori O. , Wang Q. et al. Spatial and temporal changes of floating population in China between 1990 and 2000 [J]. Chinese Geographical Science, 2007, 17 (2): 99 - 109.

[64] Looze J. Young women's job mobility: The influence of motherhood status and education [J]. Journal of Marriage and Family, 2014, 76 (4): 693 - 709.

[65] Mansoor A. , Kokil A. K. , Joysuree V. Circular migration as a development tool: The Mauritian approach [A]. In: Omelaniuk I. Global perspectives on migration and development. Dordrecht: Springer Netherlands, 2012: 53 - 57.

[66] Massey D. S. , Espinosa K. Determinants of English proficiency

among Mexican migrants to the United States [J]. International Migration Review, 1997, 31: 28 – 50.

[67] Mcarthur H. J. Jr. The effects of overseas work on return migrants and their home communities: A Philippine case [J]. Anthropology, 1979, 20 (1): 85 – 104.

[68] McDonald J. Location choice of new immigrants to Canada: The role of ethnic networks [A]. In: Beach C, Green A, Reitz J. Canadian immigration policy for the 21st century. Montreal: McGill – Queen's University Press. 2003.

[69] McHugh K. E., Gober P. Short – term dynamics of the US interstate population exchange, 1935 – 1980 [J]. Economic Geography, 1992, 60: 294 – 312.

[70] McHugh K. E. Explaining migration intentions and destination selection [J]. The Professional Geographer, 1984, 36 (3): 315 – 325.

[71] Mu J., Cheng J. Q., Zhang D. et al. Health care utilization amongst Shenzhen migrant workers: does being insured make a difference? [J]. BMC Health Services Research, 2010, 9 (1): 1 – 9.

[72] Nicola F., Matthias S. Who Stays, Who Goes, Who Returns East – West Migration within Germany since Reunification [J]. Economics of Transition, 2009, 17 (4): 703 – 738.

[73] Niedomysl T. How migration motives change over migration distance: Evidence on variation across socio-economic and demographic groups [J]. Regional Studies, 2011, 45 (6): 843 – 855.

[74] Nordström K., Ekberg K., Hemmingsson T. et al. Sick leave and the impact of job-to-job mobility on the likelihood of remaining on the labour market-a longitudinal Swedish register study [J]. BMC Public Health, 2014, 14 (1): 305.

[75] Panos G. A. , Pouliakas K. , Zangelidis A. Multiple job holding, skill diversification, and mobility [J]. Industrial Relations: A Journal of Economy and Society, 2014, 53 (2): 223 – 272.

[76] Pasquale A. Pellegrini A. Fotheringham S. Modelling spatial choice: A review and synthesis in a migration context [J]. Progress in Human Geography, 2002, 26 (4): 487 – 510.

[77] Piore M. J. The dual labor market: Theory and application [J]. In: Barringer R, Beer S H. (eds): The state and the poor. Cambridge Mass: Winthrop Publishers. 1970.

[78] Piracha M. , Vadean F. Return migration and occupational choice: Evidence from Albania [J] . World Development, 2010, 38 (8): 1141 – 1155.

[79] Plane D. A. A systematic demographic efficiency analysis of US interstate population exchange [J]. Economic Geography, 1984, 60 (4): 294 – 312.

[80] Poston D. L. , Zhang L. Ecological analyses of permanent and temporary migration streams in China in the 1990s [J]. Population Research and Policy Review, 2008, 27 (6): 689 – 712.

[81] Ravuri E. D. Return migration predictors for undocumented Mexican immigrants living in Dallas [J]. The Social Science Journal, 2014, 51 (1): 35 – 43.

[82] Roberts K. D. The determinants of job choice by rural labor migrants in Shanghai [J]. China Economic Review, 2001, 12 (1): 15 – 39.

[83] Rogers A. , Willekens F. , Little J. et al. Describing migration spatial structure [J]. Papers in Regional Science, 2002, 81 (1): 29 – 48.

[84] Rokkanen M. , Uusitalo R. Changes in job stability: Evidence from lifetime job histories [J]. Finnish Economic Papers, 2013, 26 (2):

36 – 55.

[85] Roseman C. C. A framework for the study of migration destination selection [J]. Ppoulation & Environment, 1983, 6 (3): 151 – 165.

[86] Rovolis A. , Tragaki A. The regional dimension of migration in Greece: Spatial patterns and causal factors [J]. Contributions to Economics, 2008, 1: 99 – 117.

[87] Russell K. Return migration and regional economic problems [J]. Return Migration and Regional Economic Development: An Overview, 1986.

[88] Sandra P. Provincial migration dynamics in China: Borders, costs and economic motivations [J]. Regional Science and Urban Economics, 2006, 36 (3): 385 – 398.

[89] Schultz T. W. Investment in human capital [J]. American Economic Review, 1961, 51 (1): 1 – 17.

[90] Shen J. , Wang G. Estimating the contributions of migration factors to interprovincial migration in China 1995 – 2000 [J]. Annals of GIS, 2012, 18 (4): 1 – 10.

[91] Stark O. , Taylor J. E. Migration incentives, migration types: The role of relative deprivation [J]. The economic journal, 1991, 101: 1163 – 1178.

[92] Stillwell J. , Hussain S. Exploring the ethnic dimension of internal migration in Great Britain using migration effectiveness and spatial connectivity [J]. Journal of Ethnic and Migration Studies, 2010, 36 (9): 1381 – 1403.

[93] Todaro M. P. A model of migration and urban unemployment in less developed countries [J]. American Economic Review, 1969, 1: 105 – 133.

[94] Vadean F. , Piracha M. Circular migration or permanent return: What determines different forms of migration? [J]. Migration and Culture: Frontiers of Economics and Globalization. Bingley, UK: Emerald Publishing,

2010, 8: 467 –495.

[95] Vanwey L. K. Land ownership as a determinant of temporary migration in Nang Rong, Thailand [J]. European Journal of Population, 2003, 19 (2): 121 –145.

[96] Wallerstein I. M. The modern world-system I: Capitalist agriculture and the origins of the European world-economy in the sixteenth century (1st edition) [M]. New York: Academic Press Inc. 1974.

[97] Wickramasekara P. Circular migration in Asia: Approaches and practices [A]. In: Battistella, G. Global and Asian perspectives on international migration. New York: Springer International Publishing, 2014: 51 –76.

[98] Willmore L. , Cao G. Y. , Xin L. J. Determinants of off-farm work and temporary migration in China [J]. Population and Environment, 2012, 33 (2 –3): 161 –185.

[99] Woodruff C. M. , Zenteno R. Remittances and microenterprises in Mexico [J]. UCSD, Graduate School of International Relations and Pacific Studies Working Paper, 2001.

[100] Yang T. Z. , Xu X. C. , Li M. et al. Mental health status and related characteristics of Chinese male rural-urban migrant workers [J]. Community Mental Health Journal, 2012, 48 (3): 342 –351.

[101] Zavodny M. Welfare and the locational choices of new immigrants [J]. Economic and Financial Policy Review, 1997, 2: 2 –10.

[102] Zhao Y. Causes and consequences of return migration: Recent evidence from China [J]. Journal of Comparative Economics, 2002, 30 (2): 376 –394.

[103] Zhu C. Y. , Wang J. J. , Fu X. H. et al. Correlates of quality of life in China rural-urban female migrate workers [J]. Quality of Life Research, 2012, 21 (3): 495 –503.

[104] 白南生,何宇鹏.回乡,还是进城?——中国农民外出劳动力回流研究 [A].见:李培林.农民工中国进城农民工的经济社会分析.北京:社会科学文献出版社,2003.

[105] 白南生,李靖.农民工就业流动性研究 [J].管理世界,2008 (7):70-76.

[106] 鲍曙明,时安卿,侯维忠.中国人口迁移的空间形态变化分析 [J].中国人口科学,2005 (5):28-36.

[107] 蔡昉,都阳.迁移的双重动因及其政策含义——检验相对经济地位变化假说 [A].见:李培林.中国进城农民工的经济社会分析.北京:社会科学文献出版社,2003:31-40.

[108] 蔡昉,费思兰.中国流动人口状况概述 [A].见:蔡昉.中国人口流动方式与途径.北京:社会科学文献出版社,2001:62-73.

[109] 蔡昉.中国人口与劳动问题报告NO.7 [M].北京:社会科学文献出版社,2006.

[110] 蔡建明,王国霞,杨振山.我国人口迁移趋势及空间格局演变 [J].人口研究,2007,31 (5):9-19.

[111] 柴彦威.城市空间与消费者行为 [M].南京:东南大学出版社,2010.

[112] 陈顺玉.农民工本地就业的理性分析 [J].江西社会科学,2005 (2):24-27.

[113] 陈昭玖,艾勇波,邓莹等.新生代农民工就业稳定性及其影响因素的实证分析 [J].江西农业大学学报 (社会科学版),2011,10 (1):6-12.

[114] 程怀儒.中国农村剩余劳动力转移的有效途径:农村工业化 [J].河南大学学报 (社会科学版),2006,46 (5):108-112.

[115] 程名望,史清华.非经济因素对农村剩余劳动力转移作用和影响的理论分析 [J].经济问题,2009 (2):90-92.

[116] 丁金宏，刘振宇，程丹明等．中国人口迁移的区域差异与流场特征 [J]．地理学报，2005，60（1）：106－114．

[117] 丁月牙．全球化时代移民回流研究理论模式评述 [J]．河北大学学报，2012（1）：139－142．

[118] 丁越兰，黄晶．我国劳动力回流问题研究综述 [J]．华北电力大学学报（社会科学版），2010（1）：41－45．

[119] 董雯，张小雷，雷军等．少数民族聚居区农村劳动力外出务工及其影响因素分析——以墨玉县为例 [J]．资源科学，2009，31（2）：185－192．

[120] 都阳，朴之水．迁移与减贫——来自农户调查的经验证据 [J]．中国人口科学，2003（4）：56－62．

[121] 杜小敏，陈建宝．人口迁移与流动对我国各地区经济影响的实证分析 [J]．人口研究，2010，34（3）：77－88．

[122] 段成荣．省际人口迁移迁入地选择的影响因素分析 [J]．人口研究，2001，25（1）：56－61．

[123] 符平，唐有财，江立华．农民工的职业分割与向上流动 [J]．中国人口科学，2012（6）：75－82．

[124] 符平，唐有财．倒"U"型轨迹与新生代农民工的社会流动 [J]．浙江社会科学，2009（12）：41－47．

[125] 高更和，陈淑兰，李小建．中部农区农户打工族研究——以河南省三个样本村为例 [J]．经济地理，2008，28（2）：313－317．

[126] 高更和，李小建，乔家君．论中部农区农户打工区位选择影响因素——以河南省三个样本村为例 [J]．地理研究，2009，28（6）：1484－1493．

[127] 高更和，李小建．中部农区农户打工距离研究——以河南三个样本村为例 [J]．人文地理，2008，23（6）：66－70．

[128] 高更和，梁亚红，李小建．中部农区农户打工地城镇规模类

型——以河南省三个样本村为例 [J]. 经济地理, 2007 (6): 922 – 926.

[129] 高更和, 刘清臻, 乔家君等. 中部农区农民期望务工距离研究——以河南三个样本村为例 [J]. 经济地理, 2010, 30 (7): 1159 – 1163.

[130] 高更和, 石磊, 高歌. 农民工务工目的地分布研究——以河南省为例 [J]. 经济地理, 2012, 32 (5): 127 – 132.

[131] 高强, 贾海明. 农民工回流的原因及影响分析 [J]. 农业科技管理, 2007, 26 (4): 66 – 68.

[132] 郭力, 陈浩, 曹亚. 产业转移与劳动力回流背景下农民工跨省流动意愿的影响因素分析——基于中部地区 6 省的农户调查 [J]. 中国农村经济, 2011 (6): 45 – 53.

[133] 郭庭柏. 河南人口迁移动态分析. 郑州大学学报（哲学社会科学版）, 1994 (5): 97 – 102.

[134] 郭永昌. 安徽省内跨市流动人口空间分选研究 [J]. 安庆师范学院学报（社会科学版）, 2010, 29 (10): 7 – 12.

[135] 郭永昌. 安徽省省内人口流动空间选择研究. 资源开发与市场, 2012, 28 (2): 118 – 121.

[136] 国家统计局. 2009 年农民工监测调查报告 [EB/OL]. http: // www. stats. gov. cn/tjfx/fxbg/t20100319 _ 402628281. htm. 2010 – 03 – 19/ 2012 – 08 – 08.

[137] 国家统计局. 2010 年农民工监测报告 [A]. 见: 中华人民共和国国家统计局. 2011 中国发展报告. 北京: 中国统计出版社, 2011.

[138] 国家统计局. 中国统计年鉴 2012 [M]. 北京: 中国统计出版社, 2013.

[139] 国家统计局. 2013 年中国农民工总量达 2. 69 亿人月均收入 2609 元 [EB/OL]. http: //news. china. com. cn/2014 – 02/20/content _31535822.

htm. 2014 – 02 – 20/2014 – 05 – 06. 2014d.

[140] 国家统计局. 中国统计年鉴 2014 [M]. 北京：中国统计出版社，2014a：197 – 208.

[141] 国家统计局. 中国统计年鉴 2014 [M]. 北京：中国统计出版社，2014b：95 – 115.

[142] 国家统计局. 2013 年全国农民工监测调查报告 [EB/OL]. (2014 – 05 – 12）[2014 – 08 – 09]. http：//www. stats. gov. cn/tjsj/zxfb/201405/t20140512_551585. html，2014c.

[143] 国家统计局农村社会经济调查总队. 中国农村住户调查年鉴 2009 [M]. 北京：中国统计出版社，2009.

[144] 国务院人口普查办公室，国家统计局人口和就业统计司 [M]. 中国 2010 年人口普查资料. 北京：中国统计出版社，2012.

[145] 韩俊，汪志洪，崔传义等. 中国农民工问题总体趋势：观测"十二五" [J]. 改革，2010（8）：5 – 29.

[146] 何大安. 行为经济人有限理性的实现程度 [J]. 中国社会科学，2004（4）：91 – 101.

[147] 河南省人民政府. 河南省人民政府关于印发河南省新型城镇化规划（2014—2020 年）的通知 [EB/OL]. http：//www. henan. gov. cn/zwgk/system/2014/07/30/010487963. shtml. 2014 – 07 – 03/2015 – 02 – 24.

[148] 河南省统计局，国家统计局河南调查总队. 2012 年河南省国民经济和社会发展统计公报. http：//district. ce. cn/zt/zlk/bg/201302/27/t20130227_24149386. shtml. 2013 – 02 – 27/2013 – 08 – 16.

[149] 胡枫，史宇鹏. 农民工回流的选择性与非农就业：来自湖北的证据 [J]. 人口学刊，2013，35（2）：71 – 80.

[150] 胡金华，应瑞瑶. 基于 SIS 传染病模型的农村剩余劳动力动态转移研究——基于迁移网络的视角 [J]. 农业技术经济，2008（6）：48 – 56.

[151] 胡雪萍. 劳动力迁移理论与我国农业剩余劳动力转移 [J]. 宏观经济研究，2004（5）：51-63.

[152] 金沙. 农民工回流与我国二元经济结构的转换 [J]. 经济纵横，2009（1）：77-79.

[153] 孔喜梅. 我国劳动力回流问题研究述评 [J]. 山西师大学报（社会科学版），2010，37（3）：39-41.

[154] 匡逸舟，彭向楠，朱冬梅. 欠发达地区农民工回流原因的实证研究——以四川省为例 [J]. 中国劳动，2014（11）：8-12.

[155] 李开宇，李九全，王锴. 基于城市社会地理学视角的农民工城镇化研究 [J]. 人文地理，2011（5）：39-43.

[156] 李路路. 向城市移民一个不可逆转的过程 [A]. 见：李培林. 农民工中国进城农民工的经济社会分析. 北京：社会科学文献出版社，2003.

[157] 李梅，高明国. 金融危机背景下的农民工回流特征分析 [J]. 农村经济，2009（12）：116-119.

[158] 李强. 影响中国城乡流动人口的推力与拉力因素分析 [J]. 中国社会科学，2003（1）：125-136.

[159] 李小建，时慧娜. 基于分子跃迁反应的回乡创业者"能量"扩散行为的实证分析 [J]. 人文地理，2009（3）：5-14.

[160] 李扬，刘慧. 人口迁移空间格局模拟研究进展与展望. 地理科学进展，2010，29（10）：1162-1170.

[161] 梁雄军，林云，邵丹萍. 农村劳动力二次流动的特点、问题与对策——对浙、闽、津三地外来务工者的调查 [J]. 中国社会科学，2007（3）：13-28.

[162] 林富瑞. 略论建国以来河南的人口迁移. 河南科学，1985（4）：96-106.

[163] 刘家强，王春蕊，刘嘉汉. 农民工就业地选择决策的影响因素

分析 [J]. 人口研究, 2011, 35 (2): 73 - 82.

[164] 刘甲朋, 尹兴宽, 杨兵杰. 中国农村剩余劳动力转移问题讨论综述 [J]. 人口与经济, 2004 (1): 32 - 36.

[165] 刘盛和, 邓羽, 胡章. 中国流动人口地域类型的划分方法及空间分布特征 [J]. 地理学报, 2010, 65 (10): 1187 - 1197.

[166] 刘望保, 汪丽娜, 陈忠暖. 中国省际人口迁移流场及其空间差异. 经济地理, 2012, 32 (2): 8 - 13.

[167] 刘云刚, 燕婷婷. 地方城市的人口回流与移民战略——基于深圳—驻马店的调查研究 [J]. 地理研究, 2013, 32 (7): 1280 - 1290.

[168] 鲁奇, 王国霞, 杨春悦等. 流动人口分布与区域经济发展关系若干解释 (1990、2000) [J]. 地理研究, 2006, 25 (5): 765 - 774.

[169] 陆远权, 杨丹. 重庆市农村剩余劳动力转移的动力机制与特征 [J]. 重庆邮电学院学报 (社会科学版), 2006 (6): 826 - 840.

[170] 罗楚亮. 就业稳定性与工资收入差距研究 [J]. 中国人口科学, 2008 (4): 11 - 21.

[171] 马红旗, 陈仲常. 我国省际流动人口的特征——基于全国第六次人口普查数据 [J]. 人口研究, 2012, 36 (6): 87 - 99.

[172] 马九杰, 孟凡友. 农民工迁移非持久性的影响因素分析——基于深圳市的实证研究 [J]. 农村改革, 2003 (4): 77 - 86.

[173] 孟凡强, 吴江. 我国就业稳定性的变迁及其影响因素——基于中国综合社会调查数据的分析 [J]. 人口与经济, 2013 (5): 79 - 88.

[174] 欧阳峣, 张杰飞. 发展中大国农村剩余劳动力转移动因——一个理论模型及来自中国的经验证据 [J]. 中国农村经济, 2010 (9): 4 - 16.

[175] 齐美胜. 社会资本与农村 "80 后" 外出务工的动因——以安徽陈庄为个案 [J]. 青年研究, 2008 (2): 10 - 16.

[176] 祁新华，朱宇，周燕萍．乡村劳动力迁移的"双拉力"模型及其就地城镇化效应——基于中国东南沿海三个地区的实证研究 [J]．地理科学，2012，32（1）：25-30.

[177] 曲昌荣．河南农民工"家门口"就业数量首超省外 [EB/OL]．http：//www.cicn.com.cn/content/2011-12/02/content_107045.htm.2011-12-02/2011-12-6.

[178] 邵腾伟，冉光和，吴昊．农民工返乡回流对当地新农村建设影响的冲量过程模型 [J]．数学的实践与认识，2010，40（10）：1-9.

[179] 盛来运．农村劳动力流动的经济影响和效果 [J]．统计研究，2007，24（10）：15-19.

[180] 石智雷，杨云彦．家庭禀赋、家庭决策与农村迁移劳动力回流 [J]．社会学研究，2012（3）：157-181.

[181] 苏飞，马莉莎，庞凌峰等．杭州市农民工生计脆弱性特征与对策 [J]．地理科学进展，2013，32（3）：389-399.

[182] 孙自铎．农民跨省务工对区域经济发展的影响研究 [J]．中国农村经济，2004（3）：28-33.

[183] 田玉军，李秀彬，陈瑜琦等．城乡劳动力流动及其对农地利用影响研究评述 [J]．自然资源学报，2010，25（4）：686-695.

[184] 王锋．宁夏城市化进程中的流动人口对社会经济发展的影响及其对策研究 [J]．西北人口，2006（3）：53-57.

[185] 王超恩，符平．农民工的职业流动及其影响因素——基于职业分层与代际差异视角的考察 [J]．人口与经济，2013（5）：89-97.

[186] 王桂新，潘泽瀚，陆燕秋．中国省际人口迁移区域模式变化及其影响因素——基于2000年和2010年人口普查资料的分析．中国人口科学，2012（5）：2-13.

[187] 王桂新，徐丽．中国改革开放以来省际人口迁移重心演化考探 [J]．中国人口科学，2010（3）：23-34.

[188] 王桂新. 迁移与发展——中国改革开放以来的实证 [J]. 北京：科学出版社，2005.

[189] 王国霞，鲁奇. 中国近期农村人口迁移态势研究 [J]. 地理科学，2007，27（5）：630－635.

[190] 王国霞，秦志琴，程丽琳. 20世纪末中国迁移人口空间分布格局——基于城市的视角 [J]. 地理科学，2012，32（3）：273－281.

[191] 王国霞. 中国农村人口省际省内迁移机制研究 [J]. 经济管理，2008（8）：85－90.

[192] 王化波，C. Cindy Fan. 省际间人口迁移流动及原因探析 [J]. 人口学刊，2009（5）：50－53.

[193] 王昆仑. 皖北农民社会流动的影响因素分析——基于 S 村进城农民家庭生活史的调查 [J]. 重庆科技学院学报（社会科学版），2012（17）：54－56.

[194] 王晓东. 农民工回流对农村经济发展的影响——基于金融共享视角下的分析研究 [J]. 山东社会科学，2011（1）：83－84.

[195] 王新利，陈敏. 农村剩余劳动力转移的影响分析——基于拉尼斯—费模型 [J]. 农业技术经济，2011（2）：50－55.

[196] 王翌，刘维佳. 西部农民工回流与回归现象浅析 [J]. 技术与市场，2007（4）：89－91.

[197] 韦复生. 劳动力迁移的行为区位分析 [J]. 广西民族学院学报（哲学社会科学版），1997，19（3）：89－92.

[198] 魏礼群，韩长赋，宋大伟. 中国农民工问题研究总报告 [J]. 改革，2006（5）：1－26.

[199] 温素清，潘勇. 河南农村居民外出务工情况调查 [J]. 中国统计，2014（1）：28.

[200] 肖冬华，姚会元. 金融危机冲击下的农民工回流问题研究——基于 CES 经济增长模型的实证分析 [J]. 西北人口，2009，30

（6）：11 - 15.

[201] 肖卫，向国成，朱有志. 刘易斯转折点与库兹涅茨假说下的劳动力分流研究 [J]. 中国人口科学，2011（1）：35 - 44.

[202] 严善平. 中国省际人口流动的机制研究. 中国人口科学，2007（1）：71 - 77.

[203] 杨慧敏，高更和，李二玲. 河南省农民工务工地选择及影响因素分析 [J]. 地理科学进展，2014，33（12）：1634 - 1641.

[204] 杨蔚，胡博，杨锦秀等. 省际人口迁移缩小地区收入差距的作用机制探讨. 农业技术经济，2008（6）：63 - 72.

[205] 杨肖丽，景再方. 农民工职业类型与迁移距离的关系研究——基于沈阳市农民工的实证调查 [J]. 农业技术经济，2010，11：23 - 29.

[206] 杨小平. 二分 Logistic 模型在分类预测中的应用分析 [J]. 四川师范大学学报（自然科学版），2009，32（3）：393 - 395.

[207] 杨云彦，石智雷. 中国农村地区的家庭禀赋与外出务工劳动力回流 [J]. 人口研究，2012，36（4）：3 - 17.

[208] 姚静，李小建. 欠发达农区外出务工规模及影响因素分析 [J]. 地理科学进展，2008，27（4）：89 - 95.

[209] 叶静怡. 发展经济学 [M]. 北京：北京大学出版社，2003.

[210] 余驰，石智雷. 往复式流动还是永久性回流：农村女性就业流动性差异及决定因素研究 [J]. 南方人口，2011，26（1）：33 - 40.

[211] 余红. 中国农民工考察 [M]. 北京：昆仑出版社，2004.

[212] 余运江，孙斌栋，孙旭. 社会保障对农民工回流意愿有影响吗？——基于上海调查数据的实证分析 [J]. 人口与经济，2014（6）：102 - 108.

[213] 袁方，史清华，卓建伟. 农民工回流行为的一个新解释：基于森的可行能力理论 [J]. 中国人力资源开发，2015（1）：87 - 96.

[214] 袁乐平，王立软，李萍. 有限理性对劳动力流动决策的影响分析 [J]. 中南大学学报（社会科学版），2012，18（5）：136-140.

[215] 张彩霞. 河南外出农民工年轻化趋势明显 [EB/OL]. http：//news. xinhuanet. com/fortune/2010 - 03/13/content _13164760. htm. 2010 -03 -13/2014 -05 -06.

[216] 张春泥. 农民工为何频繁变换工作户籍制度下农民工的工作流动研究 [J]. 社会，2011，31（6）：153-177.

[217] 张辉金，萧洪恩. 农民工回流现象的深层思考 [J]. 农村经济，2006，8：102-104.

[218] 张建武，李楠，赵勋. 农民工就业流动性影响因素研究——基于深圳的调查 [J]. 农业技术经济，2012（11）：69-77.

[219] 张苏北，朱宇，晋秀龙等. 安徽省内人口迁移的空间特征及其影响因素，2013，33（5）：24-30.

[220] 张文新，朱良. 近十年来中国人口迁移研究及其评价 [J]. 人文地理，2004，19（2）：88-92.

[221] 张骁鸣，保继刚. 旅游发展与乡村劳动力回流研究——以西递村为例 [J]. 地理科学，2009，29（3）：360-367.

[222] 赵春雨，苏勤，李飞等. 农村劳动力转移就业空间决策过程研究——以合肥市为例 [J]. 地理科学，2013，33（4）：418-426.

[223] 赵春雨，苏勤，徐波. 农村劳动力就业空间行为研究——以江苏、山东、安徽三个样本村为例 [J]. 人文地理，2011，26（6）：107-113.

[224] 中共中央国务院. 中共中央国务院关于推进社会主义新农村建设的若干意见 [N]. 人民日报，2006-02-21（1）.

[225] 中共中央政策研究室农村组. 关于农村劳动力跨区域流动问题的初步研究 [J]. 中国农村经济，1994（3）：3-7.

[226] 中国社会科学院农村发展研究所，国家统计局农村社会经济

调查司. 农村绿皮书: 中国农村经济形势分析与预测（2013—2014）[M]. 北京: 社会科学文献出版社, 2014: 6 - 10.

[227] 周皓, 梁在. 中国的返迁人口: 基于五普数据的分析. 人口研究, 2006, 30 (3): 61 - 69.

[228] 周鸿. 从广西第五次人口普查看人口迁移状况. 广西师范学院学报, 2004, 25 (3): 147 - 152.

[229] 周其仁. 机会与能力——中国农村劳动力的就业和流动 [J]. 管理世界, 1997 (5): 81 - 100.

[230] 朱宏. 国外对非永久性迁移的研究及其对我国流动人口问题的启示 [J]. 人口研究, 2004, 28 (3): 52 - 59.

后　记

农民工是改革开放以来我国最为壮观的社会和人口现象，引起了各领域学者们的普遍关注，地理学也不例外，但以往的研究多是中观和宏观的研究，对农民工流动区位和回流区位的研究还较少。本书主要从微观角度研究农民工的空间流动规律，通过研究，探索和明确了农民工空间流动的规律性。

时光匆匆，经过近四年的研究，本书得以呈现在读者面前。本项目从设计论证，到专题调研和专题研究，无不凝结了笔者的心血。本书是多个作者的集体之作，具体分工如下：第一章、第二章、第六章由高更和完成，第三章由高更和、曾文凤完成，第四章由高更和、杨慧敏、曾文凤完成，第五章由孟刚、高更和、王玉婵和刘明月完成。此外赵爽研究生和河南财经政法大学资源与环境学院2012级的部分本科生及2013级部分本科生参与了数据调研和整理工作，在此表示感谢！

由于笔者水平有限，书中错误一定不可避免，望同行多加批评指正！

高更和

2016年9月于郑州